SDGs

が生み出す未来のビジネス

SDGs: for Future Business

Mizuno Masahiro / Hara Yutaka

水野雅弘／原 裕著

インプレス

SDGsとは？

持続可能な社会を実現するための17のゴール

　2015年9月、ニューヨークの国連本部で『国連・持続可能な開発サミット』が開催され、193の国連加盟国により採択された合意文書「私たちの世界を転換する：持続可能な開発のための2030アジェンダ」。SDGsはその中に示された「持続可能な開発目標」（Sustainable Development Goals）です。世界中に山積する社会課題をあらゆる角度から解決するため、17のゴールと、そこにひもづけられた169のターゲットが設けられました。「誰ひとり取り残さない」理念のもと、先進国も発展途上国も、行政機関も自治体も、企業もNGO／NPOも教育機関も、そして個人にも共通する、全人類の共通目標なのです。

SUSTAINABLE DEVELOPMENT GOALS

SDGs 17のゴール

　SDGsの17のゴールは、第2章で1つずつ紹介しています。先にSDGsの各ゴールを知りたい場合は、下のページを開けば具体的なイメージがつかめます。

SDGsゴール1は、あらゆる形態の貧困を終わらせるための目標です。気候変動や紛争、食料不安といった新たな脅威によって、貧困層の割合増加が予想される中で、誰もが基本的な資源やサービスを確保できる活動を推進します。————**40**ページ

SDGsゴール2は、あらゆる形態の飢餓と栄養不良をなくすことが目標です。社会的弱者を含むすべての人にいつでも栄養ある食事が届くよう、食料の安定確保と栄養状態の改善を達成すると共に、持続可能な農業を推進します。————**42**ページ

SDGsゴール3は、すべての人が健康的な生活を確保するための目標です。深刻な感染症の蔓延を食い止めるためにも医療を完全に普及させ、誰もが安全で効果的な医薬品とワクチンを利用できるようにすることも大切です。————**44**ページ

SDGsゴール4は、すべての人に公平な初等・中等教育を提供し、生涯学習も促進することが目標です。持続可能な開発のためには教育が最も有効な手段との考えからです。達成に向けては、性差と貧富による格差の解消も重要です。————**46**ページ

SDGsゴール5は、女性と女児に対するあらゆる形態の差別を終わらせることが目的です。ジェンダー平等は基本的人権です。また女性が発言力とリーダーシップを高めることは、持続的な開発を進めるうえで欠かせない要素です。————**48**ページ

地球温暖化が進むにつれ、水不足はますます深刻化すると予想されています。SDGsゴール6は、すべての人が安全で手ごろな飲み水を持続的に確保できることが目標です。そのための水質改善、衛生状態の改善を推進します。

SDGsゴール7は、すべての人が安価で近代的かつ持続可能なエネルギーを使えることが目標です。化石燃料に依存してきた経済活動が危機的な気候変動をもたらしていることを踏まえ、クリーンなエネルギー源の開発を推進します。

SDGsゴール8は、持続的な経済成長の促進がねらいです。その実現に向けて経済格差をなくすことも重要であることから、すべての人の完全かつ生産的な雇用と、働きがいのある人間らしい労働の達成を目標としています。

SDGsゴール9は経済成長と開発に向けた、インフラ整備による持続可能な産業化の推進と、技術革新の拡大が目標です。達成のためにはデジタル格差を解消し、すべての人が平等に情報と知識を得られる機会の創出も重要です。

SDGsゴール10は、国内および国家間の格差を是正するための目標です。経済発展と共に高まっている所得格差は、世界共通の問題です。金融の流れの改善と同時に、必要な地域への開発援助や外国直接投資も推進します。

世界人口の半分以上が都市部で暮らしていますが、その割合は今後も増す見込みです。SDGs ゴール 11 は、都市と人間の居住地を安全で強靭かつ持続可能にするための目標です。交通機関や緑地の整備を含む管理体制の改善が必須です。————

SDGs ゴール 12 は、持続可能な生産と消費の方法を実現するための目標です。経済成長と持続可能な開発を達成するには、天然資源の管理方法と有害廃棄物などの処理方法を改善し、人間活動が環境に与える負荷を削減する必要があります。————

地球温暖化は全世界で気候システムに影響を与えています。SDGs ゴール 13 は、気候変動とその影響に対する緊急対策をとることが目標です。国の政策に盛り込むなど、世界が団結して早急に気候対策に取り組む必要があります。————

人類の生命と生活にとって、海の存在は不可欠です。しかし排水やプラスチックごみなどにより、海洋汚染や生態系の破壊が急激に進んでいます。SDGs ゴール 14 は海洋と海洋資源を保全し、持続可能な形で利用するための目標です。————

世界の干ばつや砂漠化は急激に進み、農地が消失しています。生態系の変化により、陸上の動物種の 22％が絶滅の危機に瀕しています。SDGs ゴール 15 は、陸上の生態系を保全・回復し、生物多様性を保護するための目標です。————

16 平和と公正を すべての人に
SDGsゴール16は、すべての人にとって平和な社会を推進するための目標です。達成に向けては、あらゆる形態の暴力削減、すべての人が法によって守られる権利を得られること、そのための効果的な制度構築も重要です。————— **70** ページ

17 パートナーシップで 目標を達成しよう
SDGsゴール17は、持続可能な開発に向けた実施手段を強化し、国境を越えたパートナーシップを活性化するための目標です。必要な場所への支援と同時に、技術革新の土台となる技術や知識の共有も重要としています。————— **72** ページ

　SDGsは、3年もの年月をかけてできあがった目標です。世界中のさまざまな立場の人が協議を重ねただけでなく、1,000万人もの一般生活者の声にも耳を傾けて成立しました。そのような手間のかかるプロセスを経たのには理由があります。国連や各国の行政機関だけでなく、企業やNGO／NPOなどの組織から個人まで、誰もが取り組むことのできる目標となっているのです。つまり、日々刻々と深化する環境破壊、未知の感染症による脅威、経済格差の広がり、終わらない紛争……、そうした課題を解決し持続可能な世界を実現するのはあなた自身、ということでもあるのです。

「このままの生活水準で
地球資源を使い続けたら、
2030年には地球が2つ必要になる」
といわれています。

私たちはこの課題を
ビジネスやマーケティングで
いかに解決できるでしょうか？

あなたはいつ、
アクションを起こしますか？

　ビジネスやマーケティングは、儲けるための手段に過ぎないと思っている人もいるかもしれません。地球環境や社会問題とビジネスは両立しないと考えている人もいることでしょう。

　しかし、本書で公開する新しいマーケティングのフレームワークや、本書で取り上げている事例——ビジネスで社会課題を解決しようする試み——を知れば、そうした考えが180度変わるはずです。そしてきっと、こんな思いがわきあがってくることでしょう。

☐ ビジネスやマーケティングにイノベーションを起こしたい

☐ ビジネスと自分の住む地球の両方を大切にしたいし、
　　自分の従事しているビジネスでもよりよい社会の創造に貢献したい

☐ SDGsをビジネスでも活用できるなら、ぜひ検討してみたい

☐ 特に変化が著しい若年層の価値観に対応できるように
　　マーケティングを変革したい

☐ ポスト・コロナ時代におけるビジネスやマーケティングのあり方を考えたい

地球ひとつでは足りない

　私たちの便利で豊かな暮らしは、大量生産から大量消費、そして大量廃棄の中で、地球上の資源が無限であるかのように使ってきました。その結果、地球システムは限界を迎えようとしています。気候変動を一因とする自然災害が世界中で同時多発的に起こり、それを報じるニュースの情報を通して、一般市民も肌で危機感を感じるようになってきました。産業革命以降の急速なグローバル経済発展は、豊かさと同時に、多くの負の連鎖を生み出しました。児童労働や不法取引などもその一端です。経済格差や不平等の社会で起きている痛ましい現実は、決してメディアの中だけの出来事ではないのです。

　前述のとおり「このままの生活水準で地球資源を使い続けたら、2030年には地球が2つ必要になる」とする分析結果があります。これは環境保護団体、世界自然保護基金（World Wide Fund for Nature：WWF）が、2010年に発行した報告書「生きている地球」（Living Planet）の中に示されているデータです。そうした状況の中で、地球を持続可能にするために生まれた世界共通の行動目標が、2015年9月に国連が発表したアジェンダ2030に掲げる「持続可能な開発目標」、すなわち「SDGs」です。

　筆者は、1990年代初頭からビジネス、特にマーケティング領域に関わってきました。つまり顧客の消費活動を促進することで、企業の成長を支援してきたわけです。地球が限界を迎えようとしている今いえることは、筆者のビジネス活動は、経済的豊かさを生み出すと同時に、資源の無駄使いに加担してきたということです。自戒の念も込め、近年はビジネス、とりわけマーケティングのあり方を変えたいとの思いで活動しています。筆者のパーパス——存在意義は、「ビジネス／マーケティングの変革で社会課題の解決を達成し、持続可能な社会を創造し、心豊かで平和な社会を共創、維持すること」です。より多くの方とこうした活動を共創したいという思いが強まり、本書を書くに至りました。

　本書は、SDGsを学ぶための本ではありません。SDGsを使うための本です。SDGsを活用して、持続可能なビジネスを、そしてビジネスの力から持続可能な地球環境を、創造するためのアイデアブックです。SDGsは、世界が直面する複雑に絡み合った環境社会問題をビジネスで解決し、新たな経済成長の源泉とすることもできると、筆者は考えています。

SDGs達成に不可欠なビジネスの力

　第8代国際連合事務総長である潘基文（パン・ギムン）は、その在任中にこう述べています。

　「企業は、SDGsを達成するうえで、重要なパートナーである。企業は、それぞれの中核的な事業を通じて、これに貢献することができる。私たちは、すべての企業に対し、その業務が与える影響を評価し、意欲的な目標を設定し、その結果を透明な形で周知するよう要請する」

　この言葉も証しているとおり、SDGs達成のためにはビジネスの力が不可欠なのです。にも関わらず、残念ながらビジネスとして活用できている事例は、まだまだ少ないのです。特に日本は欧米などから遅れをとっているといわざるを得ません。一部の企業を除き、CSR（企業の社会的責任）の延長線上の施策にとどまっているのが現状です。社会課題の解決はビジネスとして旨みに欠ける。そんな風に思い込まれているような気さえしています。

　ではなぜ、ビジネスにならないと思われているのでしょうか。費用対効果の観点からでしょうか。なるほど、短期的な視点からすれば、無理もないことかもしれません。では中長期的に考えたときにはどうでしょうか。社会課題を解決しなければ、地球システムを維持できないことは明らかです。もはや経済やビジネス以前の話なのです。だからこそ今、未来を生きる世代と地球すべての生命を考えて、それを解決していく必要があるのです。

　頭ではわかっている。そういう方が大多数でしょう。それでも行動できないのはどうしてでしょうか。その理由の1つは、実際に社会課題をどのように自社のビジネスに結びつけたらよいのか、その方法を見つけづらく、それゆえに難しいと受けとめられているからかもしれません。

　とはいえ、社会課題は日々刻々と深刻化しています。どんなに素晴らしいCSRを打ち出していたとしても、考え方だけでは社会も地球も変えることはできません。社会課題をビジネスで解決することを通して、包摂的で公平な、よいお金の循環を生み出すことが、ぜひとも必要です。

これからのビジネスのための新しいフレームワーク

　筆者は、決して倫理的な道徳観や環境問題などに関する危機感のみを理由に、主張しているわけではありません。このような環境と時代の中で、消費者の価値観も大きく変わってきているのです。そしてそのことが、企業の持続可能性にも深く関わっているからなのです。

　「モノ」から「コト」へと、時代の流れが変わっています。所有ではなく共有（シェアリング）する消費者が増えている今を、ビジネスにとって厳しい時代ととらえている企業も少なくないことでしょう。しかし顧客である消費者のニーズが変わっているのだから、大量消費時代とは違った新しい価値観を提供する必要があるのです。言い換えると、社会課題の解決につながる新しい価値観は、これからのビジネスの糸口となり得るのです。つまり新しいビジネスを創造するチャンスの到来、と考えることもできるのです。

　地球の持続可能性、そして消費者の変化、その両方からいえることは、今こそ根本からビジネスのあり方を見直し、ビジネスをアップデートする絶好のタイミングだということです。そこで筆者は、SDGsを活用し、マーケティングの手法を通してビジネスをアップデートする試みに挑戦しました。その結果、非常にシンプルでわかりやすく、それゆえ誰にでも使いやすい、新しいフレームワークが誕生しました。それが本書の中で紹介している「SDGs Marketing Matrix」（SDGsマーケティングマトリクス）です。

Imagine──想像してほしいのです

　私たちが手にする、安く便利な生活用品や衣類、食品、デジタル家電の奥で、どんな犠牲が払われているのでしょうか？ 安い賃金で働く強制労働者や児童労働、不法な取引や資源争奪の中で生まれる紛争や難民、貧困層、そして多くの自然破壊から絶滅の危機に瀕する動物種までを、生み出しているのではないでしょうか。

　しかし、今を生きる私たちの行動によって、希望あふれる未来は必ず訪れると筆者は信じています。そのために重要なのは現実を見据え、これまでの消費社会から持続可能な社会へと、大きく舵を切ることです。ビジネスには、それをリードする役割があるのです。

　新しい経済社会における消費の世界はきっと、資源を無駄使いするこれまでの消費社会の概念にはなかった、資源が循環する世界です。脱プラスティックの流れに代表されるように、破壊的創造の社会へと世界は動き始めています。

　SDGsが記載されている国連の合意文書「2030アジェンダ」の前文には、こんな一文があります。

「Transforming our World 」（私たちの世界を変革する！）

　ビジネスに関わるすべての人は、この世界の変革を担う一員なのです。ビジネスを、マーケティングを、SDGsでアップデートして、さまざまな社会課題解決と新しい市場創造を同時に実現しましょう。そのためにも、ビジネスのクリエイティブマインドを高めましょう。希望あふれる未来を、さあ、イマジンしてみましょう。

写真提供：小国町、小国町森林組合

Chapter
03　ビジネスを後押しするSDGs
——————————————————————— 75

Chapter 05 事例に学ぶSDGs×ビジネス

———————————————— 141

Chapter

01 身近なことから
SDGsを考える

SDGsが導く
社会とビジネス

これからのビジネスのカギがSDGsに

　18世紀後半に興った産業革命以降、世界は急速に発展してきました。特に第二次世界大戦後、加速度的な成長を遂げたことは読者の皆さんもご承知のとおりでしょう。そうした繁栄の原動力の1つは、まぎれもなく人間の経済活動です。しかし経済主体の社会を続けてきた結果、私たちの地球と社会が今、危機的状況に陥っていることもまた事実なのです。石炭や石油など化石燃料の多用は、資源枯渇問題と同時に、地球温暖化問題の一因となっています。先進国に豊かさをもたらした経済の発展は、途上国との格差増大にもつながってしまいました。人類の生活にともなう大量生産、大量消費、大量廃棄のサイクルは、地球上の生態系と種の多様性を破壊し続けています。

　こうした状況を受け、国連によって2000年にとりまとめられたのが、「ミレニアム開発目標」(Millennium Development Goals: MDGs)。2015年までの達成を目指し、途上国の開発支援を柱とした目標でした。MDGsは、貧困や飢餓、感染症対策などの課題解決において一定の成果をおさめました。しかし、それでもなお困難な課題を解決するため、MDGsの後継としてまとめられたのが**「持続可能な開発目標」**(Sustainable Development Goals)、つまり**SDGsです**。開発だけに主眼を置かず、経済、社会、環境といった3つの要素に対応する目標です。また、途上国のみならず、**先進国を含めたすべての国と人類に共通の課題**とした点も、MDGsとの大きな違いです。

　社会課題の解決に向けたSDGsは、NPOやNGO、企業の社会貢献(CSR)やボランティアなどの活動が、その主な担い手だと認識している方もいるかもしれません。しかしSDGsは、実はこれからのビジネス、そして持続可能な企業や事業実現のカギを握ってもいるのです。

世界的ブランドを支える日本の地場産業

　ところでグッチ、プラダ、アルマーニなどの世界的ファッションブランドが軒並み毛皮商品を廃止したことは、ご存知の方も多いでしょう。SDGsが目標としている動物愛護、乱獲防止、生態系維持などの観点から採り入れた方針です。こうした動きをうけ、毛皮の代替素材として注目されているのが人口の毛皮、つまり「エコファー」と呼ばれる生地です。とりわけハイブランド（高級ブランド）のそれは艶や質感も上質で、高級感さえ感じさせます。

　では、こうしたハイブランドのエコファー生地の多くを、和歌山県の会社が製造していることはご存知でしたか？ それも大規模な工場を備える大手ではなく、家族経営の小規模事業者が手がけているのです。くだんの岡田織物などが立地している地域でさかんだった織物産業は、時代と共に衰退の一途をたどっていました。そこで織物の技術を、ぬいぐるみ用の生地に転用したことがエコファー製造のきっかけでした。受け継がれてきた匠の技は緻密で美しいエコファーを誕生させ、これに世界的ハイブランドが注目したのです。

　これは、SDGsから発想されたビジネスではありません。けれども**SDGsを起点にしてビジネスをとらえ直すと、新しい可能性が生まれることの好例**に違いありません。そしてそのチャンスが、グローバルな大企業だけでなく、地方の小規模事業主にまで平等に広がっているということの、証明でもあるのです。

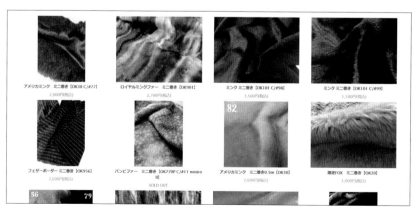

世界のアパレルブランドから注目されている岡田織物のエコファー生地。
岡田織物のWebサイトでは、さまざまなエコファー、フェイクファーが販売されている

2030アジェンダと
「5つのP」

持続可能な開発のための「2030アジェンダ」

　2015年9月、ニューヨークの国連本部で「国連持続可能な開発サミット」が開催されました。世界の国々が集まり、その後15年間の全世界の成長と福祉の促進を確認し共有するための、大規模な会議でした。その成果として、193の国連加盟国が合意し採択された文書が、「我々の世界を転換する:持続可能な開発のための2030アジェンダ」（以下、「2030アジェンダ」）です。その前文には、SDGs:17のゴール（目標）の土台となった理念が、次のようにしっかりと書かれています。

　「世界を持続的かつ強靱（レジリエント）な道筋に移行させるために緊急に必要な、大胆かつ変革的な手段をとることを決意している。我々はこの共同の旅路に乗り出すにあたり、誰一人取り残さないことを誓う。」

　2030アジェンダの大きな意義の1つは、**「誰一人取り残さない」**ことです。MDGsが取り残した人も課題も、包括的かつ包摂的に取り込んだ、極めて意欲的な決意表明です。先進国だけが達成すればよいわけでも、途上国だけが恩恵を受けるわけでもない、全人類の共通課題なのです。また2030アジェンダの前文は、世界が変革する必要性を明示した点でも画期的です。さらに「持続可能な開発の三側面、すなわち経済、社会及び環境の三側面を調和させる」とも記されています。つまり持続可能な開発のためには、世界の変革と、経済、社会、環境の調和を同時に実現する必要があるのです。

　ところで、とかく17のゴールだけに注目されがちな2030アジェンダですが、それ以外にもう1つの基軸があることをご存知でしょうか。17のゴールを達成するための基本原則とでも呼ぶべき、次ページに挙げる5つの要素——**「5つのP」**です。5つのPからの視点も含め、SDGsは環境、経済、社会の調和を保ちながら変革を推進してこそ意味があるのです。それはつまり、環境を活用し、経済を支え、社会を構築する大きな要素であるビジネスの力なくして、SDGsは達成できないということでもあるのです。

SDGs、もう1つの切り口「5つのP」

- **人間（people）**：すべての人の人権が尊重され、尊厳をもち、平等に、潜在能力を発揮できるようにする。貧困と飢餓を終わらせ、ジェンダー平等を達成し、すべての人に教育、水と衛生、健康的な生活を保障する
- **豊かさ（prosperity）**：すべての人が豊かで充実した生活を送れるようにし、自然と調和する経済、社会、技術の進展を確保する
- **地球（planet）**：責任ある消費と生産、天然資源の持続可能な管理、気候変動への緊急な対応などを通して、地球を破壊から守る
- **平和（peace）**：平和、公正で、恐怖と暴力のない、インクルーシブな（すべての人が受け入れられ参加できる）世界をめざす
- **パートナーシップ（partnership）**：政府、民間セクター、市民社会、国連機関を含む多様な関係者が参加する、グローバルなパートナーシップにより実現をめざす

2030アジェンダと「5つのP」

SDGsのもう1つの軸は人間、豊かさ、地球、平和、パートナーシップであることを示している
画像出典：国連広報センター

17の目標と
169のターゲット

アクションにつながる具体的な行動指針

　「2030アジェンダ」はその後半部分に、2030年までの達成を目指すための具体的な行動目標を示しています。その行動目標こそがSDGsです。**SDGsの大きな柱は、目標とすべき17のゴールです。**この17のゴールは、とりまとめて「持続可能な開発目標」と日本語に訳されています。原文の英語表記は「Sustainable Development Goals」。この英語表記の単語の頭文字をとってSDGsと呼ばれるようになりました。

　17のゴールは、グローバルな視点から最も重要、かつ緊急を要する課題でまとめられました。たとえばゴール1は「貧困をなくそう」。MDGsの推進によって世界の貧困層は減少したものの、気候変動や経済格差の拡大などにより今も約13億人が貧困状態にあるのです[※]。さらに2020年に起こった新型コロナウイルスのパンデミックに起因する、貧困層の増加も危惧されています。こうした問題解決のための具体的な行動指針として、SDGsは各ゴールに細分化した169のターゲットを設けました（32ページ参照）。たとえばゴール1「貧困をなくそう」には、下記のようなターゲットが設置されています。

1.1　2030年までに、現在1日1.25ドル未満で生活する人々と定義されている極度の貧困をあらゆる場所で終わらせる。

1.2　2030年までに、各国定義によるあらゆる次元の貧困状態にある、全ての年齢の男性、女性、子供の割合を半減させる。

1.3　各国において最低限の基準を含む適切な社会保護制度及び対策を実施し、2030年までに貧困層及び脆弱層に対し十分な保護を達成する。

　上記の3項目を含めて、ゴール1は全7ターゲットを備えています。

※ 国際通貨基金（IMF）／世界銀行／国連しらべ

全人類共通の目標

　上で例にあげたゴール1だけを見ると、SDGsは先進国が支援すべき途上国の開発や改善に関する問題だと勘違いされてしまいそうですが、決してそうではありません。その証の1つとして、絶対的な貧困がほぼ解消されている日本でも、経済格差の拡大に起因する相対的貧困層の増加が問題となっているのです。また、ゴール8「働きがいも経済成長も」や、ゴール12「つくる責任 つかう責任」などは、特に先進国としての豊かさを享受してきた人の胸に突き刺さる課題でしょう。**SDGsは、それぞれの国や組織、そして個人も、独自の優先課題に応じながら対応できる明確な指針がある点も特徴**なのです。

　SDGs推進の意識で欧米諸国などに遅れをとっていた日本でも、17のゴールと169のターゲットが話題にのぼることが増えてきました。しかし実は、SDGs推進の進捗を測定するための指標も存在していることはご存知でしたか？ 169の各ターゲットにひもづけられた232項目からなるこの指標は、「SDGsグローバル指標」と呼ばれています。ターゲット達成に向けた推進度合の評価基軸です。SDGsをより理解するための助けや、ビジネスの取り組みをSDGsの視点から見直す機会にもつながるかもしれません。総務省や外務省などのホームページから、日本語翻訳版を見ることもできるので、興味のある方は確認してみてはいかがでしょうか。

外務省のWebサイト「JAPAN SDGs Action Platform」
画像出典：外務省Webサイト（https://www.mofa.go.jp/mofaj/gaiko/oda/sdgs/statistics/index.html）

SDGsは
球体の世界

相互につながりあうゴールとターゲット

　17のゴールのいずれかを明示して、それをCSR（企業の社会的責任）や商品開発のコンセプトに採り入れる企業なども増えてきました。こうしたことから、17のゴールをそれぞれ独立した目標として受け止めている人も少なくないようです。

　しかしSDGsが掲載された2030アジェンダの前文には、それぞれの目標を「包摂的」「包括的」にとらえ、統合的に課題解決することが重要だと記されています。17のゴールと、そこから細分化された169のターゲットを、密接につながった1つのリンケージとしてとらえ、統合的に見つめ、考え、行動することが重要だと、明確に説いています。そしてSDGsを達成するために本当に重要な、いわばフィニッシュ地点である2030年に向けた一番のキーメッセージが、実はここにあるのです。

　SDGsが求めているものは変革であり、かつ、経済、社会、環境が調和する世の中です。だからこそ、**17の目標がすべてつながった密接不可分な関係であることが重要なのです。** SDGsを球体のような世界だと考えると、イメージしやすいでしょう。1つひとつのゴールが分断し、独立して存在しているように思われがちですが、そうではないのです。それぞれのゴールとターゲットは重なりあい、まるでマーブル模様のように混じりあい、支えあいながら、それぞれにつながった球体のような世界として存在しているのです。まさに調和した世界です。

　だから1つずつのゴールだけにフォーカスを絞り込むのではなく、総合的にとらえて取り組む必要があるのです。たとえば、安全な飲み水も栄養ある食事も確保できないまま、教育だけを平等に提供することなどできません。あるいは、すべての人が健康に暮らすためには、住み続けられるまちづくりや清潔な環境も必須です。

さまざまな分野に広がるチャンス

　もっと身近な例から眺めてみましょう。SDGsの中に、世界遺産の保護といった目標設定があることはご存知でしたか？　意外にも思えますが、「住み続けられるまちづくりを」目標とするゴール11の中のターゲット11.4は、世界遺産の保護、保全を課題としているのです。またゴール3「すべての人に健康と福祉を」目指すターゲット3.6は、交通事故死者数の半減を課題としたものです。どちらも途上国の開発、改善のみを促進するための目標でないことは明白です。

　こうしたターゲットが示唆しているのは、だからこそSDGsをツールとして活用したビジネスには、産業分野、業種、業態、事業の別を問わず、さまざまなフィールドで実践できるチャンスがある、ということです。**SDGsを起点にすると、そこに市場が見えてくる**のです。たとえば観光をSDGsでマーケティングしてみると、その結果は明らかに、単に観光地の本来の姿を持続的に維持するための、いわゆるサステナブルツーリズムとは一線を画すはずです。17のゴール、169のターゲットの中には、地域の雇用、地域の産品、自然保護などを推進するにはどうしたらよいのか、そうしたこともしっかりと書かれているからです。

　SDGsが球体の世界だというのは、まさにこういうことです。さまざまな要素がつながりあい、関係しあいながら成り立っているのです。

SDGsは球体の世界

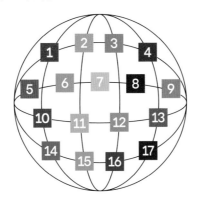

SDGsの各ゴールは相互に関連しあい、球体のような世界をつくっている

「我々の世界を変革する：持続可能な開発のための 2030アジェンダ」前文

　このアジェンダは、人間、地球及び繁栄のための行動計画である。これはまた、より大きな自由における普遍的な平和の強化を追求するものでもある。我々は、極端な貧困を含む、あらゆる形態と側面の貧困を撲滅することが最大の地球規模の課題であり、持続可能な開発のための不可欠な必要条件であると認識する。

　すべての国及びすべてのステークホルダーは、協同的なパートナーシップの下、この計画を実行する。我々は、人類を貧困の恐怖及び欠乏の専制から解き放ち、地球を癒やし安全にすることを決意している。我々は、世界を持続的かつ強靱（レジリエント）な道筋に移行させるために緊急に必要な、大胆かつ変革的な手段をとることに決意している。我々はこの共同の旅路に乗り出すにあたり、誰一人取り残さないことを誓う。

　今日我々が発表する17の持続可能な開発のための目標（SDGs）と、169のターゲットは、この新しく普遍的なアジェンダの規模と野心を示している。これらの目標とターゲットは、ミレニアム開発目標（MDGs）を基にして、ミレニアム開発目標が達成できなかったものを全うすることを目指すものである。これらは、すべての人々の人権を実現し、ジェンダー平等とすべての女性と女児の能力強化を達成することを目指す。これらの目標及びターゲットは、統合され不可分のものであり、持続可能な開発の三側面、すなわち経済、社会及び環境の三側面を調和させるものである。

　これらの目標及びターゲットは、人類及び地球にとり極めて重要な分野で、向こう15年間にわたり、行動を促進するものになろう。

SUSTAINABLE DEVELOPMENT GOALS

■人間

我々は、あらゆる形態及び側面において貧困と飢餓に終止符を打ち、すべての人間が尊厳と平等の下に、そして健康な環境の下に、その持てる潜在能力を発揮することができることを確保することを決意する。

■地球

我々は、地球が現在及び将来の世代の需要を支えることができるように、持続可能な消費及び生産、天然資源の持続可能な管理並びに気候変動に関する緊急の行動をとることを含めて、地球を破壊から守ることを決意する。

■繁栄

我々は、すべての人間が豊かで満たされた生活を享受することができること、また、経済的、社会的及び技術的な進歩が自然との調和のうちに生じることを確保することを決意する。

■平和

我々は、恐怖及び暴力から自由であり、平和的、公正かつ包摂的な社会を育んでいくことを決意する。平和なくしては持続可能な開発はあり得ず、持続可能な開発なくして平和もあり得ない。

■パートナーシップ

我々は、強化された地球規模の連帯の精神に基づき、最も貧しく最も脆弱な人々の必要に特別の焦点をあて、全ての国、全てのステークホルダー及び全ての人の参加を得て、再活性化された「持続可能な開発のためのグローバル・パートナーシップ」を通じてこのアジェンダを実施するに必要とされる手段を動員することを決意する。

　持続可能な開発目標の相互関連性及び統合された性質は、この新たなアジェンダの目的が実現されることを確保する上で極めて重要である。もし我々がこのアジェンダのすべての範囲にわたり自らの野心を実現することができれば、すべての人々の生活は大いに改善され、我々の世界はより良いものへと変革されるであろう。

※出典:「Transforming our world: the 2030 Agenda for Sustainable Development」外務省仮訳より

SUSTAINABLE DEVELOPMENT G⊙ALS

国連はSDGs推進のために、ロゴやゴール別のアイコンを作成しています。ビジネスの場では、特定のゴールの達成を事業目標として掲げる際などに活用されています。一番右下の「カラーホイール」は、17ゴールすべてのシンボルカラーを輪につないだ象徴的なアイコンです。

SDGs 17のゴールと169のターゲット相関図

SUSTAINABLE
DEVELOPMENT
GOALS

1 貧困を
なくそう

あらゆる場所で、あらゆ
る形態の貧困に終止符
を打つ

ターゲット

1.1	2030年までに、現在1日1.25ドル未満で生活する人々と定義されている極度の貧困をあらゆる場所で終わらせる。
1.2	2030年までに、各国定義によるあらゆる次元の貧困状態にある、全ての年齢の男性、女性、子供の割合を半減させる。
1.3	各国において最低限の基準を含む適切な社会保護制度及び対策を実施し、2030年までに貧困層及び脆弱層に対し十分な保護を達成する。
1.4	2030年までに、貧困層及び脆弱層をはじめ、全ての男性及び女性が、基礎的サービスへのアクセス、土地及びその他の形態の財産に対する所有権と管理権限、相続財産、天然資源、適切な新技術、マイクロファイナンスを含む金融サービスに加え、経済的資源についても平等な権利を持つことができるように確保する。
1.5	2030年までに、貧困層や脆弱な状況にある人々の強靱性（レジリエンス）を構築し、気候変動に関連する極端な気象現象やその他の経済、社会、環境的ショックや災害に暴露や脆弱性を軽減する。
1.a	あらゆる次元での貧困を終わらせるための計画や政策を実施するべく、後発開発途上国をはじめとする開発途上国に対して適切かつ予測可能な手段を講じるため、開発協力の強化などを通じて、さまざまな供給源からの相当量の資源の動員を確保する。
1.b	貧困撲滅のための行動への投資拡大を支援するため、国、地域及び国際レベルで、貧困層やジェンダーに配慮した開発戦略に基づいた適正な政策的枠組みを構築する。

SDGs17のゴールには、それぞれ細分化されたターゲットがひもづけられています。いわば、ゴールを達成するための具体的な行動目標です。たとえばゴール1のターゲットは左図のとおり7個。すべてのターゲットの総数は169個です。

 ×8 ターゲット　　 ×13 ターゲット　　 ×10 ターゲット

 ×9 ターゲット　　 ×8 ターゲット　　 ×5 ターゲット

 ×12 ターゲット　　 ×8 ターゲット　　 ×10 ターゲット

 ×10 ターゲット　　 ×11 ターゲット　　 ×5 ターゲット

 ×10 ターゲット　　 ×12 ターゲット　　 ×12 ターゲット

 ×19 ターゲット

169のターゲットについて
もっと詳しく知る⇒
https://sdgs.tv/target169/

ＳＤＧｓと無関係の人は誰もいない

個人の存在意義が世界を変える力に

　ＳＤＧｓを推進するのは誰でしょう。筆者自身の身近にある事柄から、そのことを考えてみたいと思います。

　筆者はＳＤＧｓをテーマに講師を務める機会も多いのですが、その中には企業や経営者などを対象にした講演や研修だけでなく、中学生、高校生などを対象にしたプログラムも少なくありません。特に中高生の前に立ったときは毎回、新鮮な驚きや感動を覚えます。ＳＤＧｓの学びを通して「自分たちが生きる世界を自分たちが変えて守る」という気持ちが、ダイレクトに伝わってくるのです。彼らはＳＤＧｓを自分ごととしてとらえ、純粋に真剣に達成しようと考えています。

　そうしたプログラムを通して、参加した生徒たちが自分自身の存在意義に気づく瞬間を、何度となく目にしてきました。存在意義、すなわち「パーパス」に関しては３章の94ページなどに書きましたので、その重用性についての説明はそちらに委ねます。ここで大切なことは、ＳＤＧｓを通して自分自身の存在意義に気づいた生徒たちがどう変化するのか、ということです。ＳＤＧｓから自らの存在意義に気づいた彼らの中では、**ＳＤＧｓが生きていくためのツールとして整理され、自分が何のために生きているのかという存在意義や、このために生きたいんだという希望などが明確になっていく**のです。その結果、立ち上がった自らの存在意義から、ＳＤＧｓ達成に向けたアクションが起こることさえあるのです。実際に彼らの思いから実践的な企画が生まれ、その理念と構想に賛同した地域の自治体と企業も加わって、ビジネスの共創を実現させたプロセスを目の当たりにしたのですから、本当のことです。また、気候変動に対する具体策の推進を、大勢の大人に向けてたった１人で訴えた若者──1992年の国連地球環境サミットでスピーチしたセバン・スズキや、2019年に国連気候行動サミットで演台に立ったグレタ・トゥンベリの姿からもわかるでしょう。

SDGsがあなたの生き方を問う

　社会人にも同じことが当てはまるはずなのです。もしもSDGsを、単に解決するべき社会課題としてとらえるなら、理解するだけで終わってしまうかもしれません。たとえアクションが起きたとしても、組織の中にSDGs推進部署が立ち上がり、それを起点にSDGsに関する学習プログラムが整理される程度にとどまってしまうことでしょう。

　しかしもう一歩進んで、17のゴールだけでなく、その奥にある169に整理されたターゲットまで確かめてみましょう。自分自身と関係のある項目が1つもない人は、おそらくいないはずです。そしてそこから何かを感じたら、現状を知り、課題を見つけ、解決に向けて小さくとも実践的なビジネスアクションを起こし始めるかもしれません。自分が何のために生きているのか、どのようにありたいのか、そういうことを見つけるためのフィルターとしてもSDGsは役立つのです。

　SDGsには、認識した瞬間に自分の生き方や働き方、暮らしに魂が宿る力があるのです。つまり**SDGsは、あなた自身の中に変革と調和をもたらすツールでもある**のです。そして個人の変革と調和から生まれたチャレンジが、SDGs達成の大きなカギとなることだってあり得るのです。

SDGsを自分ごととしてとらえる高校生

ＳＤＧｓから
ビジネスを見つめ直す

脱プラで売り上げ3倍の「LUSH」

　皆さんは、イギリスの化粧品メーカー LUSH（ラッシュ）をご存知でしょうか？カラフルで楽しい商品ラインナップが、世界中で人気を得ています。もともと、添加剤を使用しない製品の開発など、エシカル（倫理的）であることを企業の存在意義にしてきた同社には、たった3年間で売り上げを3倍にした実績があるのです。急激な売り上げ拡大の起爆剤は、プラスチック包装を廃止したことでした。**脱プラスチックの取り組みは、廃棄プラスチックによる環境汚染という社会課題の解決につながっただけでなく、それまでの包装コストを開発に転換し、より質の高い商品の誕生**も実現させました。こうした同社の取り組みを、消費者は大歓迎しました。顧客だけでなく、LUSHの製品を使っていない人たちからも注目され、口コミなどの形で応援される存在になっていったのです。

　LUSHの事例は、これからのビジネスのあり方を象徴的に示唆しています。時代は今、モノの豊かさから、心の豊かさも求める方向にシフトしています。消費者が変化しているのですから、これまでとは違った発想が、ビジネスにも必要です。

　そのように変化した消費者ニーズに対して、物質的な豊かさと精神的な豊かさを消費者に同時に提供できること、そういうビジネスのあり方を通じて企業の持続可能性を高めることもできることを、LUSHは約10年も前から実証しているのです。

　実はどんな企業も、そうしたビジネス実現の可能性を持っています。そしてその可能性を見つけるために、SDGsはうってつけのツールになるのです。SDGsを起点にしたビジネスを実践すると、他の企業から共創パートナーとして選ばれ、生活者からの応援も得て、持続可能な組織になる可能性が高まります。それは長期的に利潤を生み出し続け、従業員にも長く勤務してもらえる企業になる、ということでもあるのです。

ビジネスの視点から見る17のゴール

　次章では、SDGsの17のゴールをビジネスの視点から説明します。特に日本の皆さんにとってヒントになるよう、解説文には目標ターゲットを明示しました。すなわち、SDGsの169のターゲットからビジネスアイデアにつながりそうなものを絞り込み、その実現に向けた視点から各ゴールを解説しています。

　産業別、分野別、課題別などの視点から、個々に切り分けて考えられがちな17のゴールですが、実はそれぞれのゴールは密接に関係しあっています。2030アジェンダが示しているように、SDGsは包括的、包摂的にとらえて行動することが重要なのです。**自社の事業とは関係ないと思っていたゴールも、ビジネスの視点から見直してみると、リソースを活かせる新たな市場やチャンスにつながっているかもしれません。**

　各ゴールの左ページにある美しいアートは、本書の著者の1人である原裕が所属する株式会社メンバーズが、SDGsの学びのために考案したカードの作品をベースとしたものです。

　また、17のゴールについてもっと詳しく知りたい人のために、各ゴールの解説動画などが掲載されたサイトを紹介しています。本書の著者の1人、水野雅弘率いる株式会社TREEが運営するサイト「SDGs TV」です。関連トピックスも豊富なので、ぜひ参考にしてください。

エシカルなビジネスに取り組むLUSHのスキンケア商品

美味しく楽しく食品ロスを解決

ミツカン『ZENB』　6種類の野菜からつくられているミツカングループの「ZENB」

「サルベージ」という言葉をご存知ですか？もともとは、転覆などの災難にあった船や積荷などの救助や引き揚げを指す言葉です。では「サルベージクッキング」という言葉はいかがでしょうか？まだ食べられる余りものを使って料理することを指す、比較的新しい言葉です。消費期限間近のビン詰めや調味料、非常食として買っておいた缶詰、大量買いしてしまった果物などを、冷蔵庫や食品庫から救出するための料理、というわけです。食品を無駄にせず使い切ろうという試みで、専門の料理教室の人気も上々です。

とはいえ一世帯だけでは、料理のアイデアも使える食材にも限界があるもの。そこで話題を呼んでいるのが「サルベージパーティー」。いわば、余った食材の持ち寄りパーティーです。シェフによるイベント型のパーティーから、仲間同士のホームパーティーまで形態もさまざま。思いがけない味や人との出会いを楽しみつつ、美味しく気軽に食品ロスを解決できるのです。

食材を無駄にしないという点では、ミツカングループの「ZENB」のような商品にも注目したいところです。これは野菜を素材にしたスティックとペースト。果肉だけでなく、トウモロコシの芯やカボチャのワタなど、普通は食べずに廃棄されている部分まで原材料として使っていることが特徴です。地球にも自分にも美味しい食べ方や食品は、これからますます増えそうです。

Chapter

02　ビジネスから見た
　　　SDGs

1 貧困をなくそう

NO POVERTY

14%

主に先進国で問題化している相対的貧困。世帯の所得が、その国の全世帯の所得の中間値の半分未満の状態を指します。日本で相対的貧困状態の17歳以下は 14%。7人に1人もの子どもが社会的に困難を感じているのです。

出典：厚生労働省『各世帯の所得等の状況』（2015年）

SDGsゴール1は、あらゆる形態の貧困を終わらせるための目標です。気候変動や紛争、食料不安といった新たな脅威によって、貧困層の割合増加が予想される中で、誰もが基本的な資源やサービスを確保できる活動を推進します。

社会的弱者も活躍できる労働環境をつくろう

　記録的な経済発展を遂げた日本では現在、絶対的な貧困はほぼ解消されています。しかし経済格差が広がる社会の中で、相対的な貧困層の増加という新たな問題が生まれています。解決のためには、こうした人たちの積極的な雇用も有効です。少子高齢化を迎えた日本では、今後ますます減少していく労働人口の確保が大きな課題となっています。労働人口の減少に比例して労働生産性がさらに低下すると、それにともなって経済格差がさらに広がるリスクも高まります。そうした課題の解決策としても期待できます。

　社会的弱者の積極的雇用に向けては、働き方の見直しも効果的です。言い換えると、そこに新しい市場があるのです。たとえば、会社以外の場所でも勤務できるようITインフラを整備すれば、遠隔地の人材雇用も可能になります。地域分散型の雇用は、防災の観点から雇用の安定化にもつながります。

関連するSDGsターゲット

1.2 / 1.5

このゴールを動画でチェック

https://sdgs.tv/tg_mov/goal1

TOPICS　買い物で食事を支援

「三井住友カード」でキャッシュレス決済をすると支払額の一部が、食品ロス問題に取り組むNPOセカンドハーベスト・ジャパンを通して、貧困状態の子どもや高齢者などの食事支援に活用される仕組みがあるのです。貧困問題と、コンビニ店などが抱える食品ロスの課題とを、同時に解決できる取り組みです。
⇒174ページで詳しく解説しています。

相対的貧困の解決に取り組むNPOセカンドハーベスト・ジャパンの活動の様子

2 飢餓をゼロに

ZERO
HUNGER

7%

豆腐や味噌など、日本の食文化に欠かせない大豆。2016年度の
データによると、日本国内の全需要量に占める国産大豆の割合は
7%。国産大豆はほぼ全量が食品用ですが、食品用に限っても
約77%は輸入に頼っています。

出典：農林水産省調べ（2016年）

SDGsゴール2は、あらゆる形態の飢餓と栄養不良をなくすことが目標です。社会的弱者を含むすべての人にいつでも栄養ある食事が届くよう、食料の安定確保と栄養状態の改善を達成すると共に、持続可能な農業を推進します。

持続可能な農業生産システムをつくろう

　安定的な食糧確保に向けて第一に取り組むべき課題は、農業生産性の向上です。けっして途上国だけの課題ではありません。日本でも大型台風や局地的豪雨の頻発など、自然災害による農業生産性の低下が問題となっているのです。そのうえ、2050年には世界の人口が97億人※になると予測されています。食料確保は全人類が抱える、共通にして最大のテーマなのです。

　そこで世界が注目していることの1つが、持続可能な農業生産システムの構築です。その取り組みのプロセスには、生産技術の向上や効果的な労働分配、汚染された土壌の復元、生物多様性を損なわない農薬や農法の開発など、さまざまな分野の市場とビジネス機会が存在しているのです。

　日本では、地方の耕作放棄地の活用も課題です。新規就農者を増やし、農業生産による食料自給率を高めていくことも、目標です。

関連するSDGsターゲット

2.3 / 2.4

このゴールを動画でチェック

https://sdgs.tv/tg_mov/goal2

| TOPICS | 持続可能な農園から紅茶を |

「午後の紅茶」シリーズで知られるキリングループは、紅茶の茶葉を生産するスリランカの農園が、人権や自然環境に配慮した運営ができるよう支援しています。この取り組みによりスリランカの87以上の大農園が持続可能性の高い農園の世界的な認証を取得しています。
⇒158ページで詳しく解説しています。

キリンホールディングス株式会社が支援するスリランカの茶葉生産農園

※出典：国連「世界人口推計2019年版」

3

すべての人に
健康と福祉を

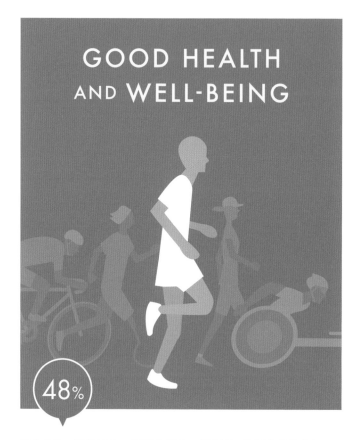

GOOD HEALTH
AND WELL-BEING

48%

日本では、従業員の一定割合以上の障害者の雇用を義務化してい
ます。意識は年々高まり、民間企業の障害者雇用率は法定雇用率
率2.2％に近い2.11％に。しかし法定雇用率を達成した企業は、ま
だ48％にとどまっています。

出典：厚生労働省『障害者雇用状況の集計結果』（2019年）

SDGsゴール3は、すべての人が健康的な生活を確保するための目標です。深刻な感染症の蔓延を食い止めるためにも医療を完全に普及させ、誰もが安全で効果的な医薬品とワクチンを利用できるようにすることも大切です。

企業と医療機関とで一緒に取り組もう

　2020年の始まりと共に、新型肺炎が世界中で猛威をふるいました。人の健康管理を1つの国や地域で担うだけでは、不測の事態に対応しきれない時代であることを再確認した人も多いでしょう。

　今後は、企業や医療機関が協働し、地球市民意識を持って健康や福祉に取り組むことが必要です。たとえば途上国における医療サービスや保険サービスの提供、健康管理ビジネスの展開など、先進国として担うべき役割だけを見渡しても、新たな事業の必要性と機会は急速に増しているのです。

　その一方で、日本が直面する超高齢化社会の課題解決にも、大胆な事業展開が求められています。都市部ではすでに、医療機関や介護施設が不足し始めています。言い換えると、未病対策など、日本国内での福祉国家実現に向けたビジネス展開にとっても、大きなチャンスのときが来ているのです。

関連するSDGsターゲット

3.8 / 3.b / 3.d

このゴールを動画でチェック

https://sdgs.tv/tg_mov/goal3

TOPICS	石鹸を通じて世界に健康を

持続可能な原料で作ったリキッドソープなど、エシカルな製品で知られるサラヤ株式会社は、日本ではじめて手洗い用の薬用石鹸液を商品化した企業でもあるのです。製品売り上げの一部を活用して途上国の衛生環境向上に向けたプログラムに参加するなど、ビジネスを通じて世界の人々の衛生と健康に貢献しています。

サラヤ株式会社が支援する「100万人の手洗いプロジェクト」活動の様子

4 質の高い教育を みんなに

QUALITY EDUCATION

43万人

社会問題として認識されている子どもたちの不登校。病気と経済的な理由以外で年間30日以上欠席した中学生は約10万人。登校しても教室に入れないなど不登校傾向にある生徒を加えると、その数は約43万人になります。

出典：日本財団『不登校傾向にある子どもの実態調査』（2018年）

SDGsゴール4は、すべての人に公平な初等・中等教育を提供し、生涯学習も促進することが目標です。持続可能な開発のためには教育が最も有効な手段との考えからです。達成に向けては、性差と貧富による格差の解消も重要です。

ビジネスの力で教育の質を高めよう

　日本では近年、不登校児童・生徒の増加が問題化しています。また少子化をうけて学校の統廃合が進み、山間部地域などでは登下校に大変な苦労を強いられる子どもたちが増えています。こうした子どもたちは、これからの教育産業の顧客でもあるのです。地域の共同サテライト教室設置、フリースクールやホームスクールの整備、質の高い教師による遠隔授業などもビジネスの機会です。たとえば2020年の新型コロナウイルス感染拡大による全国一斉休校は、オンライン授業の導入を加速させました。それは知識の獲得のみならず、互いの違いを知り多様性を認め合う絶好の機会ともなっているのです。

　5Gの普及と共にこうした可能性はさらに広がり、教育はさらに多様化していくでしょう。誰もが持つ知的好奇心に応えるためのビジネスの力が、教育革命をリードし、未来を支える人材の育成を実現するに違いありません。

関連するSDGsターゲット

4.1 / 4.a

このゴールを動画でチェック

https://sdgs.tv/tg_mov/goal4

| **TOPICS** | 3社が協力して学習教材を出版 |

「SDGsスタートブック」はSDGsの学習を目的に、2020年度から日本全国の小中学校で使用されている副教材。東京書籍株式会社など3社がタッグを組み、SDGs達成に取り組む15社もの企業が資金を出し合って制作されました。ビジネスの力で教育に貢献するプロジェクトなのです。

東京書籍株式会社、株式会社日経BP、株式会社TREEが制作した「SDGsスタートブック」

5

ジェンダー平等を
実現しよう

GENDER
EQUALITY

12%

2018年の調査によると、世界の女性管理職比率は27%。日本は
12%で、女性活躍推進法が目標とする30%には遠く及ばず、
主要7か国（G7）の最下位という結果に。日本を除く他の6か国は
すべて20 〜 30%にのぼっています。

出典：国際労働機関（ILO）調べ（2019年）

SDGsゴール5は、女性と女児に対するあらゆる形態の差別を終わらせることが目的です。ジェンダー平等は基本的人権です。また女性が発言力とリーダーシップを高めることは、持続的な開発を進めるうえで欠かせない要素です。

女性が社会に参画しやすくなるソリューションをつくろう

　日本も性差による不平等解消に向けて取り組んではいるものの、その格差はいまだに先進国最下位、世界でも110位[※]の低さに甘んじています。女性の能力を社会に活かすためには、制度の整備が不可欠です。

　一方、少子高齢化の進行と共に、労働人口が減少していくことは明らかです。女性の積極的な採用は、企業にとって安定した雇用につながります。そしてビジネスには、それを実現できる原動力が潜んでいるのです。たとえばICTを活用したリモートワークのシステム。あるいは筋力や体力をカバーする新しい技術。性別も年齢も問わず誰もが家事に参画しやすくなるような、IoTや家電の商品。女性がいきいきと活躍の場を広げられるチャンスの創出には、こうした市場と機会が広がっているのです。

関連するSDGsターゲット

5b / 5c

このゴールを動画でチェック

https://sdgs.tv/tg_mov/
goal5

TOPICS　男女の垣根ないファッション

「INCLUSIVE FASHION PROJECT」を展開し、「ファッションに性別なんて関係ない」とうたっているマルイでは、男女の垣根なく楽しめるファッションアイテムも提案しています。ジェンダーフリーをテーマにした期間限定ショップの設置やイベントも開催。自分らしくありたい多くの消費者から支持を集めています。

マルイが提案する
ジェンダーフリー
なファッション

※ 出典：世界経済フォーラム（World Economic Forum）『The Global Gender Gap Report 2018』

6 安全な水とトイレを 世界中に

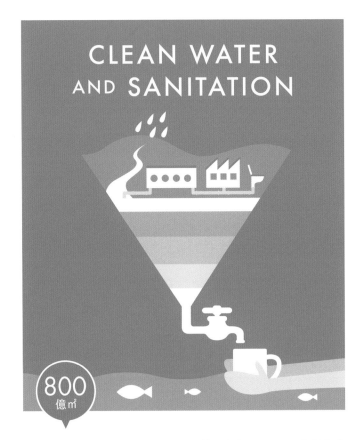

バーチャルウォーターとは、輸入食料を生産するために必要な水を推定する仕組み。食料の約60％を輸入している日本のそれは、2005年の試算では約 800 億 m^3。日本国内で1年間に使用される水と、ほぼ同じ量になる計算です。

出典：環境省／特別非営利活動法人日本水フォーラム算出（東京大学生産技術研究所・沖大幹教授指導／2005年）

6 安全な水とトイレを世界中に

地球温暖化が進むにつれ、水不足はますます深刻化すると予想されています。SDGsゴール6は、すべての人が安全で手ごろな飲み水を持続的に確保できることが目標です。そのための水質改善、衛生状態の改善を推進します。

節水／浄化技術、上下水道技術で解決しよう

　世界規模で水不足が深刻化している今、持続可能な水資源の効率的な利用が、それぞれの産業と企業に求められています。安全な水確保のため、河川への排水による汚染対策の強化と衛生の確保を、すべての企業活動を通して強化する必要があるのです。言い換えると、生産性だけを重視しこうした努力を始めない企業は、経営リスクを抱えることになりかねないのです。

　生産加工のプロセスで大量の水を使うビジネスは、節水や安全な排水などに関してより一層の努力が必要です。また気候変動による自然災害の多発化から、原料調達を見直す必要もあるかもしれません。こうした課題を解決するために、ビジネスの力を活用することもできるはずなのです。実際に、農業用水や工業用水などの効率化に向けた節水技術や浄化技術、途上国のインフラ整備に向けた上下水道技術などは、大きな市場機会をもたらしています。

関連するSDGsターゲット

6.3 / 6.4

このゴールを動画でチェック

https://sdgs.tv/tg_mov/goal6

TOPICS　世界のみんなにトイレを

開発途上地域では、今も屋外や汲み取り式トイレなどで用を足しています。住まいの水まわり製品などを扱う株式会社LIXIL社の「SATO」は、こうした課題を解決する簡易式トイレシステム。洗浄に必要な水はごく少量。「SATO」の導入により、2019年10月までには世界で約1,500万人が衛生的なトイレを使えるようになりました。

株式会社LIXILの簡易トイレシステム「SATO」は途上国の衛生向上に貢献している

7 エネルギーをみんなに そしてクリーンに

AFFORDABLE
AND
CLEAN ENERGY

15%

ドイツのミュンヒェン市、カナダのバンクーバー市、オーストラリアのシドニー市など、再生可能エネルギー率100%を達成する地域が増え続けています。一方、日本の再エネ率は 15%。依然として化石燃料が中心です。

SDGsゴール7は、すべての人が安価で近代的かつ持続可能なエネルギーを使えることが目標です。化石燃料に依存してきた経済活動が危機的な気候変動をもたらしていることを踏まえ、クリーンなエネルギー源の開発を推進します。

再生可能エネルギーで持続可能な企業にしよう

　世界では今も11億人[1]が、電気のない生活をしています。そこでSDGsは、エネルギー産業による途上国支援も重要としています。ここに商機を見出して参入する企業も増えてきました。

　また、気候危機を迎えた今、各企業は防災の観点からもBCP対策[2]を強化する必要があります。災害時にも安定した事業体制を築き、再生可能エネルギーをベースとした電源の確保も重要です。

　また、SDGsゴール7の達成を積極的に考えると、地域電力事業による雇用、防災に強いまちづくり、発電技術、送電技術、蓄電技術の開発や改善などにも、ビジネスの機会を見つけることができます。化石燃料の供給変動や価格リスクを嘆く前に、できることはたくさんあるのです。

関連するSDGsターゲット

7.2 / 7.a / 7.b

このゴールを動画でチェック

https://sdgs.tv/tg_mov/goal7

TOPICS 　自然エネルギー100％の世界を

膨大なCO_2排出をともなわず、原子力の事故リスクとも無縁。そんな自然エネルギーを生み出している企業の1つが、自然電力株式会社です。風力や太陽光、バイオマスなどによる発電所を設置するなど、自然エネルギーの増大に注力する同社は、ビジネスを通してCO_2排出量の削減などに貢献しているのです。
⇒160ページで詳しく解説しています

自然電力株式会社は、風力などを活用したクリーンエネルギーの増大を推進

※1　2019年 国連広報センター調べ
※2　事業継続計画。自然災害やテロ攻撃など緊急事態に対するリスクを考えて、事業継続のための方法や手段を計画しておくこと。

8 働きがいも 経済成長も

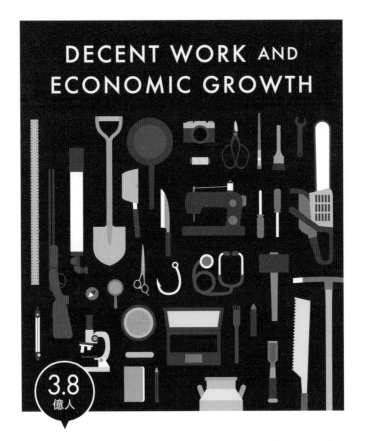

DECENT WORK AND
ECONOMIC GROWTH

3.8
億人

それぞれの企業がSDGsを達成することで、2030年までに最大で **3.8** 億人の新しい雇用が世界中で生まれるとみられています。その経済価値は、少なくとも1,310兆円ほどに。ビジネスの力なくしてSDGsは達成し得ないのです。

出典：世界経済フォーラム（2016年）

SDGsゴール8は、持続的な経済成長の促進がねらいです。その実現に向けて経済格差をなくすことも重要であることから、すべての人の完全かつ生産的な雇用と、働きがいのある人間らしい労働の達成を目標としています。

若い世代の地域雇用を促進しよう

　世界から見た生産性の低さ[※1]や、ブラック企業問題などの解決に向けて、働き方改革に取り組む企業が増えてきました。しかし日本全体を見渡すと、いまだに人間らしい働きがいのある労働環境の実現には至っていません。労働における男女格差、ジェンダー平等が、2019年時点でまだ先進国で最下位[※2]であることからも、これが企業経営の最優先課題だといえるでしょう。SDGsゴール8は、差別のない人間らしい働き方、「ディーセントワーク」を促進して、経済成長を続けながら同時に本質的な豊かさを実現する目標ともいえます。

　また、日本は97%が中小企業です。人口減少と超高齢化を迎えた今、若い世代を地域で雇用し、地域経済に貢献していくことは、SDGsゴール8達成に貢献すると共に、多様な働き方の実現にもつながります。

関連するSDGsターゲット

8.5 / 8.9

このゴールを動画でチェック

https://sdgs.tv/tg_mov/
goal8

TOPICS 有給社会貢献休暇でSDGs達成を目指す

米国発のセールスフォース・ドットコムでは、従業員が就業時間の1%を活用してさまざまな社会課題に対するボランティア活動を行っています。設立当初からこの活動を続けており、全世界社員の総ボランティア時間は450万時間を超えています。学校での教育支援や森林保全活動など、思い思いの活動に有給休暇を活用できるのです。

ボランティア活動に取り組むセールスフォース・ドットコムの社員たち

※1　出典：公益財団法人日本生産性本部『労働生産性の国際比較 2019』
※2　出典：世界経済フォーラム（WEF）『ジェンダー・ギャップ（男女格差）リポート2019』

9 産業と技術革新の基盤をつくろう

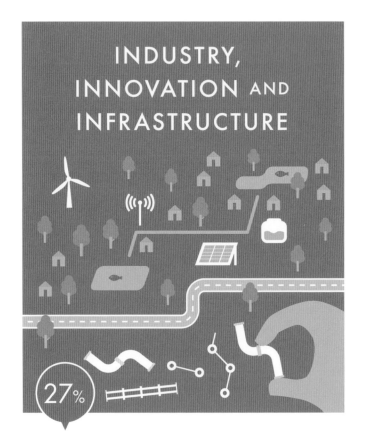

道路にかかる橋は日本全国で約72万橋。そのうち建設50年以上の橋は27％ですが、10年後には52％になるとみられています。建設年度が不明な橋を除いた数字なので、実際にはこれ以上の橋が老朽化していると思われます。

出典：国土交通省『老朽化の現状・老朽化対策の課題』（2019年）

SDGsゴール9は経済成長と開発に向けた、インフラ整備による持続可能な産業化の推進と、技術革新の拡大が目標です。達成のためにはデジタル格差を解消し、すべての人が平等に情報と知識を得られる機会の創出も重要です。

スタートアップ企業の力で産業を変革しよう

　SDGsの存在は、これまでの産業構造や経済システムでは、地球環境の復元、不平等な格差の是正、公平な取引は実現できない、という証でもあります。実際に都市部を中心に、生物多様性の崩壊、交通渋滞や事故の多発、医療や福祉の不足といった問題が噴出しています。強靭な都市を実現するには、新たな交通インフラや通信ネットワークなど、革新的な技術の進展が求められています。

　国連は、ブロックチェーン※技術の提供によるスタートアップ企業支援など、産業変革を促す動きを加速させています。言い換えると、持続可能な社会の実現を目指して産業変革を引き起こし得る分野に、新たな市場が生まれているということです。日本のスタートアップ企業や地方の中小企業にとっても、大きな事業機会です。

関連するSDGsターゲット

9.1 / 9.4

このゴールを動画でチェック

https://sdgs.tv/tg_mov/
goal9

TOPICS　情報と自動車が共創する交通改革

便利な道具である一方、高齢者の事故増加などの問題も抱えている自動車での移動。そうした課題解決に向けて取り組むのが、ソフトバンク株式会社やトヨタ自動車株式会社などが出資するMONET Technologies株式会社。さまざまなデータや最新技術を活用して、交通や移動の概念そのものが変わるような改革が生まれるかもしれません。

伊那市／MONET Technologies株式会社／株式会社フィリップス・ジャパン開発の移動診療車

10

人や国の
不平等をなくそう

世界の億万長者の資産は、ここ10年ほど毎年約13％ずつ増加しています。中でもトップ8人の資産は、世界の約半分の人口が保有する資産と同等なのです。一方、一般的な労働者の収入の伸びは、毎年約2％にとどまっています。

出典：NGOオックスファム調べ（2017年）

SDGsゴール10は、国内および国家間の格差を是正するための目標です。経済発展と共に高まっている所得格差は、世界共通の問題です。金融の流れの改善と同時に、必要な地域への開発援助や外国直接投資も推進します。

地産地消の小規模生産者を応援しよう

経済格差が生まれる背景には、実は政治的な圧力による不公平な取引や密輸入などの問題も潜んでいるのです。不公正な取引を目的とした不法な森林伐採や希少な動物の捕獲、不当な鉱物資源の発掘などは、生態系を破壊するだけでなく、途上国の労働環境や文化の損失、地域コミュニティーの崩壊にもつながっています。さらにレアメタルなど希少な資源の採掘過程は、貧困や経済格差の要因となるだけでなく、紛争や戦争などの一因ともなっているのです。

商品の製造過程で、公平な取引のもとでつくられた原料を扱うことはこれからのビジネスの基本です。一方、商品の販売に関わる企業は、差別のない取引を行うことが大切です。そのうえで、さらに地産地消の小規模生産者を応援するバリューチェーン※を意識した取り組みを始めることもできるはずです。

関連するSDGsターゲット

10.3 / 10.4

このゴールを動画でチェック

https://sdgs.tv/tg_mov/
goal10

TOPICS　ビジネスもエシカルな化粧品

動物実験をせず、環境にも配慮したスキンケア製品などで知られるTHE BODY SHOP。その原材料の調達に至るまでエシカルなのです。たとえば社会的、経済的に支援を必要とする生産者と直接、ビジネスをすることで、公正な価格による取り引きを実現。そのことを通して、現地の雇用促進や、医療、教育の充実にも貢献しているのです。

創業当初からエシカルなビジネスを貫いているTHE BODY SHOPの商品

※ 事業活動を機能で分類した分析方法。商品やサービスが顧客に届くまでに、どの工程でどの程度の付加価値が生まれるかを測り、課題や優位性を抽出して事業戦略に活かすための試み。

11

住み続けられる
まちづくりを

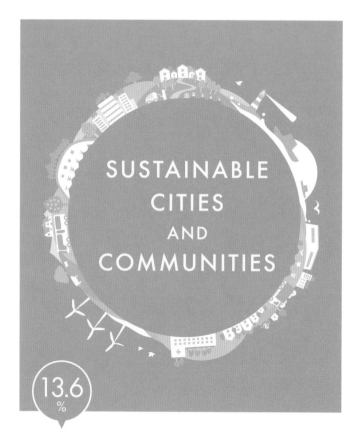

SUSTAINABLE
CITIES
AND
COMMUNITIES

13.6%

2018年の調査によると、日本の住宅総数は6,242万戸で過去最多を記録。そのうち13.6%にあたる846万戸が空き家となり、空き家の数も割合も過去最多となりました。地方を中心にした人口減少などがその理由と推察されます。

出典：総務省統計局調べ（2019年）

世界人口の半分以上が都市部で暮らしていますが、その割合は今後も増す見込みです。SDGsゴール11は、都市と人間の居住地を安全で強靭かつ持続可能にするための目標です。交通機関や緑地の整備を含む管理体制の改善が必須です。

郷土愛からボトムアップで安心なまちをつくろう

　日本は2019年から第二期地方創生——「まち・ひと・しごと創生総合戦略」の策定を開始しました。人口減少や高齢化が進む地方では、安心して住み続けられるまちづくりが早急に求められています。また高齢化の進行と共に、買い物難民や、病院・施設への交通難民の移動手段確保も課題です。ところが、これまでのような行政主導のまちづくりでは、道路や水道など老朽化するインフラの整備や修繕さえ難しくなってきています。そこで地域の自治体と協定を結び、民間ベースで新たなまちづくりに取り組み始める企業も現れました。

　また、安心して暮らせるまちづくりによるコミュニティーの活性化を通して、新しい地域経済を推進していく必要もあります。郷土愛を創発する政策をボトムアップ型で進めるために、地域の小商や小規模事業者のビジネスコミュニティーも重要な存在です。

関連するSDGsターゲット

11.2 / 11.3 / 11.a

このゴールを動画でチェック

https://sdgs.tv/tg_mov/goal11

TOPICS　CO$_2$排出ゼロ住宅で持続可能なまちに

積水ハウス株式会社は、材料調達から解体まで住宅のライフサイクル全過程における、CO$_2$排出ゼロを目指しています。それに向けて環境配慮型住宅の販売も開始。地域の生態系保全につながる在来種中心の植栽提案や、公正な木材の調達などの取り組みも通して、上質で安全な暮らしができる持続可能な社会づくりに貢献しているのです。

環境に配慮したビジネスに取り組む積水ハウス株式会社の住宅

12

つくる責任
つかう責任

RESPONSIBLE
CONSUMPTION
AND
PRODUCTION

51kg

食品ロス大国である日本の食料廃棄量は年間約650万トン。1人あたり51kgにものぼります。その約半分が売れ残りや規格外などとして棄てられる事業ゴミ、残りの約半分は食べ残しなどにより家庭から廃棄されています。

出典：国連食糧農業機関（FAO）「世界の食料ロスと食料廃棄」（2011年）

SDGsゴール12は、持続可能な生産と消費の方法を実現するための目標です。経済成長と持続可能な開発の達成には、天然資源の管理方法と有害廃棄物などの処理方法を改善し、人間活動が環境に与える負荷を削減する必要があります。

リサイクル技術で循環型経済へシフトしよう

　人間として暮らす中で不可欠な「モノを買う」という行為。しかしその消費活動を通して、環境破壊や経済格差に加担していない人はいないのではないでしょうか。とりわけ産業革命以降、資源を無限のようにとらえ、発展してきた先進国は、大量生産、大量消費、大量廃棄を繰り返してきました。

　そのことを顧みて、それぞれの企業は責任ある持続可能な生産方法を採用したいものです。一方、個々の生活者も自身のライフスタイルにおいて、持続可能性を高める仕組みに配慮するような消費活動を心がけることが大切です。

　地球資源は無限ではないのです。だからこそ資源を効率的に活用し、自然との共生や資源循環を目指すリサイクル技術などを活用し、循環型経済（サーキュラーエコノミー）にシフトさせていくことが、地球環境の持続性だけでなく、企業の持続性向上にもつながるはずなのです。

関連するSDGsターゲット

12.2 / 12.4 / 12.5 / 12.b

このゴールを動画でチェック

https://sdgs.tv/tg_mov/goal12

TOPICS　リサイクルコットンのTシャツ

「無印良品」ブランドなどで知られる株式会社良品計画は、社会課題の解決にも積極的に挑戦しています。たとえば再生コットンで作ったTシャツ。商品の生産工程で出た生地の端切れを選り分けてワタ状に粉砕し、Tシャツの素材として再利用しているのです。資源を無駄にしない企業姿勢がうかがえます。

株式会社良品計画の無印良品が展開するリサイクルコットンのTシャツ

13

気候変動に
具体的な対策を

CLIMATE ACTION

2位

世界の144か国を対象にした調査によると、単一の自然災害による気候危機度ランキングでは、ベトナム、ソマリアに次いで日本が世界3位。複数の自然災害ではフィリピンに次いで2位に。災害への対策が急がれます。

出典：Institute for Economics and Peace『世界平和度指数』（2018年）

13 気候変動に具体的な対策を

地球温暖化は全世界で気候システムに影響を与えています。SDGsゴール13は、気候変動とその影響に対する緊急対策をとることが目標です。国の政策に盛り込むなど、世界が団結して早急に気候対策に取り組む必要があります。

省エネ・再エネ技術で温暖化を食い止めよう

　2015年に「国連気候変動枠組条約締約国会議」（通称COP）で合意されたパリ協定。世界の平均気温低下と、CO_2排出量の削減を目標としています。気候変動対策は、世界中が加速させるべき重点目標なのです。

　その達成のため、企業には2つの取り組みが求められています。1つは、温室効果ガスの排出量削減と、排出されたガスの吸収に関する対策（緩和）です。省エネ化をはじめ、再生可能エネルギーなどの利用と技術開発、植物を活用したCO_2の吸収対策などが考えられます。もう1つは、気候変動の影響を予防・軽減するための対策と、変容した気候の活用（適応）です。新たな防災システムの構築、災害に強いインフラの整備と技術開発、新たな気候条件に沿った持続可能な農業生産システムの取り組みなどが考えられます。こうした分野で、すでに新しい市場が動き始めているのです。

関連するSDGsターゲット

13.1

このゴールを動画でチェック

https://sdgs.tv/tg_mov/goal13

TOPICS　ユーグレナで飛行機が飛ぶ!?

植物と動物、両方の特性がある微生物、ユーグレナ（ミドリムシ）。それを原料にした飲料や化粧品を製造する株式会社ユーグレナ、実はエネルギー開発にも取り組んでいるのです。生産に向けて、日本初のバイオジェット・ディーゼル燃料製造実証プラントも完成。ユーグレナを資源の1つとした燃料による飛行機が、空を飛ぶ日も遠くはなさそうです。

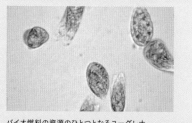

バイオ燃料の資源のひとつとなるユーグレナ
写真提供：株式会社ユーグレナ

14 海の豊かさを守ろう

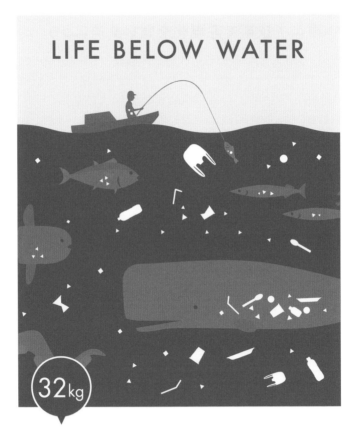

海洋に漂い、生態系に深刻な影響を与えているプラスチックごみ。

日本で1年間に棄てられるプラスチックの量は、1人あたりに換算す

ると32kgで世界2位に。これは、1人あたりの米の年間消費

量とほぼ同量です。

出典：UNEP（国連環境計画）『シングルユースプラスチック』（2018年）

人類の生命と生活にとって、海の存在は不可欠です。しかし排水やプラスチックごみなどにより、海洋汚染や生態系の破壊が急激に進んでいます。SDGsゴール14は海洋と海洋資源を保全し、持続可能な形で利用するための目標です。

脱プラスチックと持続可能な漁業を実現しよう

　脱プラスチックの動きが世界中で加速しています。それでもなお、刺身や寿司といった日本の食文化にも欠かせない魚介類の水揚げ量は、激減し続けています。廃棄プラスチックなどによる海洋汚染の他、地球温暖化による海水温の上昇や乱獲も要因と見られています。こうした問題解決に向けて、プラスチックの代替素材に関するビジネスなど、新たな事業機会が生まれています。また持続可能な漁業の実現に向けたMSC認証[1]商品など、サステナブルな水産物を扱う小売店や外食産業店も増えてきました。

　日本はまた、沿岸漁業の従事者や加工生産者の高齢化という問題も抱えています。持続可能かつ豊かな地域経済を支えるためにも、持続可能な漁業の実現に早急に取り組む必要があるのです。

関連するSDGsターゲット

14.1 / 14.4

このゴールを動画でチェック

https://sdgs.tv/tg_mov/goal14

| TOPICS | 安心な魚を次世代の食卓まで |

イオンのスーパーマーケットには、「MSC」や「ASC」のラベルをつけた魚介類がずらり。両方とも、水産資源と環境に配慮した漁法や養殖方法、つまり持続可能な漁業から獲られた魚介類の証なのです。世界の漁業生産量の約90％は獲りすぎ、またはそれに近いという報告も[2]。次世代まで続く食に向けた取り組みの1つです。

イオンのWebサイトで紹介されているMSC認証、ASC認証の取り組み
https://www.aeon.com/acp/promotion/content/kankyo/sakana/

※1　Marine Stewardship Council（海洋管理協議会）の規格に適合した漁業で獲られた水産物にのみ認められる海のエコラベル。
※2　FAO.『世界漁業・養殖業水産白書』（2016年）

15 陸の豊かさも守ろう

日本の国土のおよそ7割は森林。これは森の国として知られるフィンランドなどに匹敵する数字です。ところが木材の自給率は36.6%。2011年からは毎年増加しているものの、依然として **63.4%** は輸入材が占めています。

出典：林野庁『木材需給表』（2018年）

世界の干ばつや砂漠化は急激に進み、農地が消失しています。生態系の変化により、陸上の動物種の22%が絶滅の危機に瀕しています。SDGsゴール15は、陸上の生態系を保全・回復し、生物多様性を保護するための目標です。

国産の木材を活用して豊かな森を守ろう

　種の多様性、生態系の多様性、遺伝資源の多様性を守り得る、持続可能な利用方法で陸上資源を扱い、ビジネスに取り組むことが求められています。持続可能な林業から生まれたFSC認証※木材の活用は、1つの解決方法です。動物保護や絶滅危惧種保全の視点から、革製品や毛皮、動物由来の食品や消費財の調達について、見つめ直すことも大切です。

　森林大国である日本国内に目を向けると、放置林の増加による鳥獣害も、大きな地域課題となってきています。こうした課題解決のためにも、サステナブルな林業の促進が求められています。実現に向けては、国産材利用の活性化や、陸上の生態系保護を目指した持続可能な新しい森林サービスの開発など、林業のイノベーションが必須です。

関連するSDGsターゲット

15.2 / 15.5

このゴールを動画でチェック

https://sdgs.tv/tg_mov/
goal15

TOPICS	生まれ変わるダウンジャケット

使わなくなった羽毛布団やダウンジャケット、ゴミとして棄てていませんか？ 水鳥の羽は、再生可能な資源なのです。回収〜製品化まで、不要になった羽毛製品を再利用する仕組みをつくっているのが「Green Down Project」。株式会社アーバンリサーチなどの企業も賛同し、一丸となって取り組んでいます。
⇒148ページで詳しく解説しています。

Green Down Projectの取り組みによるアーバンリサーチの再生ダウン商品

※ 責任ある森林管理から生産される木材とその製品を識別するFSC（Forest Stewardship Council®、森林管理協議会）による認証制度。

16

平和と公正を
すべての人に

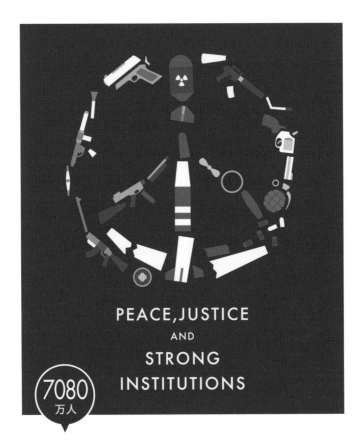

PEACE, JUSTICE

AND

STRONG

INSTITUTIONS

7080万人

戦争や迫害などから逃れた難民・避難民などの数は、2018年は世界で**7,080万人**に。調査を実施した約70年間で最多となりました。ただし政情不安が続くベネズエラからの難民は、一部しかその人数を把握できていません。

出典：国連難民高等弁務官事務所（UNHCR）『Global Trends』（2019年）

SDGsゴール16は、すべての人にとって平和な社会を推進するための目標です。達成に向けては、あらゆる形態の暴力削減、すべての人が法によって守られる権利を得られること、そのための効果的な制度構築も重要です。

ブロックチェーンで公正を実現しよう

　複雑化・多様化した現代の社会において、誰にとっても公平かつ公正な統治を実現するために注目されている技術の1つが、ビジネスツールとしても注目されているブロックチェーンです。

　ブロックチェーンは、ビットコインなど仮想通貨の基盤となる技術で、分散型台帳とも呼ばれています。複数のコンピューターに分散して残っている過去の取引データなどの情報を同期して蓄積、管理する仕組みです。データを集中管理するための大型コンピューターを必要とせず、またデータを改ざんしにくいといった特徴もあります。そうした特徴を活かし、公共性の高い情報インフラ整備や、個人認証の推進による市民の銀行口座開設などによって、途上国を支援する企業も登場しています。ビジネスを通して、途上国市民の公正な権利獲得に貢献するチャンスも広がっているのです。

関連するSDGsターゲット

16.6 / 16.9 / 16.10

このゴールを動画でチェック

https://sdgs.tv/tg_mov/
goal16

TOPICS　再生ポリエステルで紛争を解決

廃棄されたポリエステルの服から、再びポリエステル樹脂を製造する技術を開発した日本環境設計株式会社。プロジェクトの出発点は、平和な社会を創造したいとの思いでした。ポリエステルの原料となる石油の奪い合いが、戦争や紛争を引き起こしていることに着目したのです。同様にレアメタルの再利用にも取り組んでいます。
⇒168ページで詳しく解説しています。

日本環境設計のBRINGプロジェクトで生まれ変わった再生ポリエステルの商品

17 パートナーシップで
目標を達成しよう

PARTNER
SHIPS
FOR
THE GOALS

72.4%

海外に子会社を保有する日本企業は、2001年の約6,000社から2014年には約9,000社に。そのうち中小企業の占める割合は、2001年の68.2%から2014年には**72.4%**に。他国との共創にビジネスの可能性を見出す中小企業が確実に増えています。

出典：総務省統計局『平成26年 経済センサス基礎調査』（2014年）

SDGsゴール17は、持続可能な開発に向けた実施手段を強化し、国境を越えたパートナーシップを活性化するための目標です。必要な場所への支援と同時に、技術革新の土台となる技術や知識の共有も重要としています。

ビジネスの力をアジアの開発と成長に活かそう

　SDGsは、ありとあらゆる人材が協力して問題解決に当たることが大切としています。それは国境・地域・産業分野・企業・職責・立場など、あらゆる垣根を越えて協力しなければ、地球の危機的状況は改善できないということでもあるのです。こうした考え方からビジネスを見直すと、新しい市場と機会が見えきます。顧客と協働した商品開発、各国共通のサービス提供、グローバル企業と地方の小規模企業が連携した事業の構築などは、その一例です。

　人口減少に比例して、日本の市場が縮小していくことは明白です。しかし途上国支援を1つの柱としたSDGsからとらえ直すと、そのこともまたチャンスに違いありません。アジアの大多数は、今も開発途上国です。だからこそ日本には、先進国として、またアジアの一員としても、ビジネスの力で開発と成長を応援するチャンスが広がっているのです。

関連するSDGsターゲット
17.5 / 17.7 / 17.11 / 17.16 / 17.17

このゴールを動画でチェック
https://sdgs.tv/tg_mov/goal17

TOPICS　チームで世界のランウェイへ

世界的ブランドのエコファーが、和歌山県でつくられていることは本書21ページでもご紹介したとおり。中心的な存在はたった数人規模の会社。しかし同様の技術を持ち、共に地場産業を支えてきた地域の事業者たちと協働し、安定的に供給できる生産体制を築いたからこそ信頼が止まないのです。
⇒156ページで詳しく解説しています。

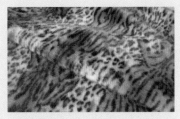

本物の毛皮と違わぬ品質で世界から注目される和歌山県産のエコファー

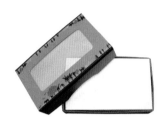

エシカルな名刺で爽やかにビジネスを

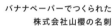

バナナペーパーでつくられた
株式会社山櫻の名刺

　資源を無駄にしないために、紙の使用を削減しようという動きの広がりをうけて、ペーパーレス化を推奨する企業が増えてきました。その一方、名刺は今なお大切なビジネスツールとして活躍しています。日本は世界一、名刺を活用するといわれる国。文化は文化としてとらえつつ、できるだけ爽やかに交換できたら素敵です。

　そこで考えてみたいのが、森林資源を無駄に使わず、地球に優しい素材の紙を利用した名刺です。そう聞いて、再生紙を思いうかべる方も少なくないことでしょう。それ以外にもさまざまな選択肢があることは、ご存知ですか？

　たとえば株式会社山櫻などが扱っている「バナナペーパー名刺」。これは廃棄するしかなかったバナナの茎の繊維を、日本の和紙技術で製品化したフェアトレード紙。アフリカの貧困層の生活向上にも役立っています。あるいは株式会社文華堂などが扱う「平和折り鶴名刺」。広島の平和記念公園「原爆の子の像」に、年間約一千万羽も捧げられる折り鶴。それをリサイクルした名刺です。折り鶴に託された平和への思いまで、伝わってきそうです。

　サトウキビ、森林の間伐材、工場から出るデニムの切れ端など、サステナブルな名刺の素材は他にもたくさん。原材料の面影をかすかに伝える味わいも特徴的です。取引先との話題づくりにも、一役買ってくれるかもしれません。

Chapter

03　ビジネスを
後押しするSDGs

SDGsから見えてくる
ビジネスニーズ

ブルー・オーシャンを生むSDGs

　経済、社会を支えてきたこれまでのビジネスは、短期的な視点に主眼が置かれてきました。いかに他社に負けない大ヒット商品を開発するか。どれだけコストを削減し利幅を広げるか——最短時間で最大の利益を上げ、ビジネスで勝つことが重要課題でした。

　そのことを象徴するようにビジネス用語、とりわけマーケティング用語の中には、ターゲティング、ストラテジー、ピンポイントなど、軍事用語から派生した言葉が少なくありません。戦争用語を使って攻め込んでいく。強みで競合を排除していく。そういうメンタリティーでつくられ、使われてきた言葉なのです。

　地球と社会が危機的状況に直面し、グローバルな視点から根本的に社会のあり方が問われている今、これまでの経済モデルを切り替える必要性は明らかです。このビジネス戦争の飽和状態に対して、書籍「ブルー・オーシャン戦略」が警鐘を鳴らしたのは2005年のこと。ブルー・オーシャンとは、フランスの経営学者であるW・チャン・キムとレネ・モボルニュが提唱した概念で、新たな価値の創造によって新しい需要を生み出し、未開の市場を切り拓くビジネス戦略です。新しい経済モデルとして一定の評価を得た一方で、理想論として片づけられることも少なくなった理論でした。しかし、**SDGsという軸からビジネスをとらえ直すと、ブルー・オーシャンが見えてくる可能性もある**のです。

　世界経済フォーラムの試算によると、SDGsが達成できると全世界で3億8000万人の雇用が生まれると見られています。同時にSDGs達成までに必要な資金は、97兆ドルともいわれています。言い換えると、ここにブルー・オーシャン——すなわち新たな市場がある、ということなのです。

リスクとリターンとインパクト

　また投資の観点からも、SDGsを起点にしたビジネスの可能性の大きさは明らかです。これまで投資価値の評価軸は、リスクとリターンの2本しかありませんでした。その事業にどれぐらいの投資をしたら、どれぐらいの利益が見込めそうなのか。投資家はその損益バランスを大きな指標として、投資すべきか否かを判断してきたわけです。

　しかし現在はそこにインパクト——社会に与える影響という評価軸が確実に加わってきています。2006年のPRI（責任投資原則）※の合意以来、いわゆる「ESG投資」へと世界の金融市場は大きく舵をきりました。ESG投資とは、環境（Environment）、社会（Social）、統治（Governance）に配慮した投資のこと。つまり投資家は、財務的リターンと同時に、社会や環境に対するよい効果を生み出す可能性からも、その事業に対する投資効果の大きさを見定めているのです。

　地球と社会に対して正の連鎖を実現し、今後どれほどの社会的価値を創造し得る企業なのか、事業なのか。金融市場にとっては、そのことがすでに最大の関心ごとの1つになっているのです。裏を返せば、**現在がどんなに好調であっても、社会的インパクトがともなっていなければ、その事業や企業に対する将来性は低く見積もられてしまう時代が到来している**のです。

SDGsから見えてくるビジネスニーズ

SDGsの単独のゴールだけを考えてみても、関連する社会課題は全方位的に広がっている。社会課題を解決するビジネスの可能性も、それだけ多岐にわたるということがわかる

※ Principles for Responsible Investment。国連が2005年に発表した、投資家が環境・社会・統治（ガバナンス）の3分野に配慮した責任ある投資を行うための原則。

SDGsからビジネス目標を立ててみる

　経営目標にSDGsの視点を採り入れると、SDGs達成のフィニッシュである2030年から逆算して計画を立てる必要性が生まれます。同時に、ビジネスの成長とSDGs達成の両方を実現する視点も生まれることから、事業のあり方を見つめ直すことにもつながります。

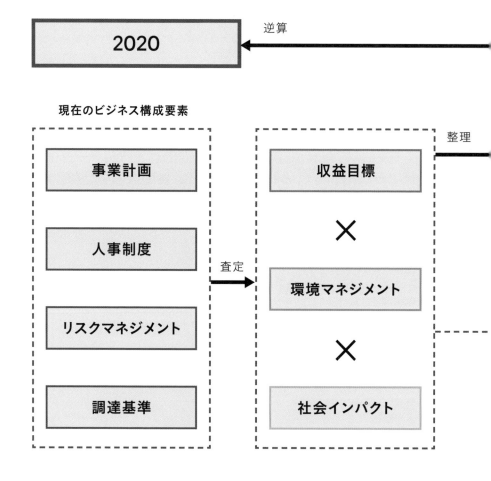

　現在のビジネスを構成する「事業計画」「人事制度」などの要素それぞれを、「収益目標」「環境マネジメント」「社会インパクト」の観点から査定してみると、経営目標を整理しやすくなるでしょう。その際に、「資源効率化」や「気候変動適応と緩和」など、具体的な項目ごとに考えてみると、目標をより実践につなげやすくなるはずです。

2030

将来のビジネス

経営目標	+	SDGs [ターゲット]

☐ 資源効率化（水、エネルギー他）
☐ 気候変動適応と緩和
☐ 顧客協働
☐ 従業員エンゲージメント
☐ 教育制度
☐ 雇用方針／採用基準
☐ 地域コミュニティー
☐ 労働環境／テレワーク
☐ 女性リーダー／外国人労働者
☐ トレサビリティー
☐ 情報セキュリティー

チャンスと
リスク

襲いかかる予想外のリスク

　投資効果の評価軸——リスクとリターンに、現在インパクトの軸が加わっているのは、単によりよい社会の到来を願う正義や善意だけの話ではありません。既存の考え方では、事業が抱えるリスクを測り切れなくなってきた、という事情もあるのです。これまでには思いもよらなかったことが、事業リスクとなって襲いかかる時代になったということです。

　たとえば近年の日本各地を襲っている記録的な豪雨や、超大型台風。その威力に、インフラが破壊されることもたびたびあります。原材料の調達、物流、製造、そして小売りまで、ビジネスに与える影響も小さくありません。あるいは2020年の早春を襲った、新型コロナウイルスによるパンデミック。空路の発達により大陸間の移動が容易になった今、またたく間に世界に広がった未知のウイルスは、世界の経済活動をあっという間に凍りつかせました。

　グローバリゼーションの進行によって、世界の距離は近づき、地球経済と呼ぶべき状態にたどり着きました。それは豊かさを運んだ一方で、気候変動をはじめとする予想外のリスクももたらしてしまったのです。さらに、世界の距離が近づき瞬時に世界の情報を入手できるようになった結果、これまで見えづらかった社会問題が「見える化」してきたことも、また事実です。豊かさを育んだマネー社会が、レアメタル鉱山での児童労働や、開発による先住民の権利侵害、環境負荷の高い製造工程による水資源の汚染などのリスクを生み出してしまったことを、私たちは知ることにもなったのです。

社会的インパクトがチャンスを生む

　これまでの延長線上でビジネスを展開していては、こうした世界規模のリスクを抑えることはできません。何しろ石油やプラスチックがいらない世界へと、変革する必要があるのです。だからこそ、変革の道しるべとしてSDGsが導き出されたのです。

　SDGsは金融市場の流れも革命的に変革させています。 世界でESG投資額が急増した一方、脱炭素社会の観点から投資撤退する投資家さえ現れました。投資家だけでなく、SDGsにコミットする金融機関も登場しています。ビジネスの変革には、いわば「SDGsファイナンス」が必要不可欠な時代になっているのです。裏を返せばSDGs達成に貢献し得るような、社会的インパクトという新しい価値を創出することができれば、多大なチャンスがあるということでもあるのです。

　そしてその市場機会は、潤沢な資金がある大企業にとっても、これまで競争力を持てなかった中小規模の企業にも、等しく目の前に広がっているのです。インフラ整備や、産業のイノベーションに寄与した技術は、日本国内にも豊かに蓄積されています。中には家族経営の地域事業者が支えてきた技術もあるでしょう。社会課題の原因となるようなリスクを、これほど抱えている現代の市場ですから、蓄えた技術を途上国発展のために活用する機会だって大いにあるのです。「途上国には支援を」というこれまでの発想とは異なり、先進国も途上国も共に成長するために新たな市場をつくろうとするのが、SDGsの立脚点です。地球市民全体で、地球の持続可能性を高めようとする考え方なのです。つまりSDGsが伝えるリスクの裏には、ビジネスチャンスがそこかしこに隠れている、ということでもあるのです。

SDGsに貢献する取り組みは雇用を生み出す

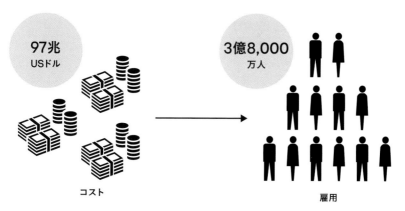

97兆
USドル

3億8,000
万人

コスト

雇用

SDGsを達成するには97兆USドルものコストがかかると試算されているが、それによって3億8,000万人もの雇用が生まれる

サプライチェーンの変革

SDGsからサプライチェーンを見直す

　SDGsが生み出すビジネスチャンスを活かすには、どうしたらよいのでしょうか。そのことを考えるためには、サプライチェーンの仕組みから見つめ直してみる必要があります。というより、SDGsを起点にすると、**サプライチェーンも変化させざるを得ない**のです。

　物流を例に考えてみましょう。現在の物流体制の大半は、それぞれの企業がコストや利便性からはじき出した手段や経路を活用していることと思います。この手段や経路を、SDGsの観点からもふり返ってみましょう。CO_2排出量削減を実現できる配送方法は何なのか。原材料の調達先の自然環境や動植物の生態系を破壊しないルートはどこなのか。そのようにとらえてみると、他社とパートナーシップを組んだ共同配送の導入や、電動トラックでの輸送、空路よりも自然環境への負荷が低いとされる海路での運搬など、新しい物流のあり方にたどり着くことでしょう。もしかしたら、調達先そのものを見直すこともあるかもしれません。

ローカルにも広がるチャンス

　商品が消費者の手元に届くまでには、物流だけでなく、実にたくさんの工程があります。それぞれの工程において、社会的インパクトが生まれているわけです。それを工程ごとに見直すことは、これまでのサプライチェーンマネジメントの概念を越えて、自社のバリューチェーンをどうつくっていくかというテーマから考えてみる、という視点です。

　バリューチェーンの要素それぞれをSDGsの視点から見直すことはまた、ビジネスの透明性強化にもつながります。調達先の自然環境や労働状況、製造工場のある地域の水資源の状態など、これまでは契約する事業者との関係性に委ねていた情報に自らアクセスすることによって、商品の付加価値も変わってくることでしょう。実はここにも、ビジネスのチャンスが潜んでいます。

　たとえば、地域農家の手による有機野菜でつくられた添加物のない食料品。そうしたものが魅力的としてメディアで紹介される機会も、格段に増えています。これまでは、美味しい、素敵、美しい、ブランドのネームバリューがある、といったことがモノの価値だったかもしれません。今は、**サステナビリティーをはじめとする社会課題にどう向き合っているのか、といったことからもモノの価値が評価されている**のです。新しい価値によって、小規模ビジネスから生まれる地域の産品も、大手のブランドが売り出すヒット商品に負けないような、高い付加価値を獲得できるということです。

　そのようにサプライチェーンの仕組みから、ビジネスをSDGs視点で測定する指標として、2020年に「企業のためのSDGs行動リスト（SDGs Action for Business）」※が開発されています。これは慶應義塾大学の蟹江憲史教授が代表を務める慶應義塾大学SFC研究所xSDG・ラボが中心となり、政府や企業と共に取り組んできた研究の集大成です。調達、物流、生産、販売の各工程を、労働人権、環境マネジメント、経営管理、気候行動の各分野から検証できる仕組みになっています。本書の筆者、水野雅弘も研究メンバーとしてこの指標の開発、制作に携わりました。

添加物なしのシリアルを量り売りするスーパー「東武サウスヒルズ」

※ http://xsdg.jp/sdgactionlistver1.html

消費者は
もう気づいている

危機感を募らせている若者たち

　SDGsを起点としたビジネスの可能性と必要性——それは消費者の変化からも、透けて見えてきます。

　世界経済フォーラムが世界28か国を対象に2019年に実施した調査によると、日本におけるSDGsの認知度は49%。世界平均の74%に対してはまだまだ出遅れており、28か国中最低でした。しかし学校教育の周辺に限ってみると、ここ日本でも認知度の割り合いはもっと高くなるはずです。2020年時点で、ほぼすべての中高一貫校では、すでに授業や課外カリキュラムにSDGsが採り入れられています。教育指導要領の改訂にともない、**2020年4月からは小学校の教科書にも記載される**ようになっています。

　世界を見ても状況は同じです。日本以上にSDGsの認知度が高い国々でも、危機感や使命感を募らせ実際にアクションにつなげている層は、やはり若者たちなのです。スウェーデンの当時15歳の少女、グレタ・トゥンベリの行動から2018年に始まった「グローバル気候マーチ」運動は記憶に新しいところでしょう。気候変動の具体策を起こさない政府に対し、国会前で座り込みを続けたグレタ。世界各地に賛同者が現れ、全世界で400万もの人が運動に参加しました。この400万人の大多数は、グレタと同じティーンエイジャーでした。

　壊れゆく地球に対する若者たちの危機感は、もっと前にさかのぼることもできます。1992年、リオデジャネイロで開催された国連地球環境サミットで、カナダからやって来た当時12歳のセバン・スズキはたった1人で演台に立ち、環境対策の強化を切々と訴えました。今も伝説のスピーチとして語り継がれるセバンの言葉は、大人たちの心を大いに揺さぶりました。

未来の顧客ニーズがSDGsに

　筆者自身も、SDGsをテーマにしたプログラムの講師として中高生に会う機会が急増しています。そのたびに思うことは、SDGsのフィニッシュまで「もう10年しかない」と彼らが本能的に感じとっていることです。たとえば、筆者も企画運営に関わり、SDGsの普及を目的とした動画作品を募る「SDGsクリエイティブアワード」。2019年に実施された第2回の応募作品は330点にものぼったのですが、その約7割を占めたのは、予想に反して中高生の作品でした。

　現代の若者たちにとっては、情報源がテレビや新聞だけではないことも大きく影響しているようです。幼い頃からスマートフォンになじみ、インターネットで情報収集してきた世代です。モノを買うことの価値観、働く価値観、生きる価値観、そうしたものが大人と異なっていないほうが不自然でしょう。

　彼ら若者たちは、SDGsが達成される2030年の世界の主人公です。つまり、若者たちがわざわざアクションをおこしてまで大人に訴えかけたいことというのは、5年後、10年後の顧客ニーズと言い換えることができるわけです。

　だからこそ、この10年で私たち大人がよい方向に大きく舵を切り、社会と経済を変化させることは、とても重要なのです。そしてそういう、いわばSDGsを起点とした視点から、彼ら未来の消費者の価値観に合う、持続可能なビジネスが生まれ得ることも明らかなのです。

第1回SDGsクリエイティブアワードを受賞した高校生の動画作品

生活を豊かにする
新たなマーケット

「よい商品を安く」ではない若者たち

　未来の消費者である若者たちの変化は、もっと生活に近い現場からも感じとることができます。今の中高生たちの間で、「エシカル」という言葉が大いに共感され、定着してきていることも、その一例です。たとえば自分自身が選んだ洋服のタグを見て、そこに「ベトナム」や「ミャンマー」の文字を確かめると、「もしかしたら児童労働や貧困者の搾取が行われたのかもしれない」などと、感度の高い若者は想像しています。そしてそうであれば、どんなに素敵なデザインでも買わない、という選択の仕方をする人も登場しています。エシカルは、倫理感と日本語訳されています。**倫理的な価値観でモノを選ぶ**という意識の台頭は、物質社会の行き過ぎに対する若者たちの姿勢と見ることもできます。

　こうした消費者の変化をうけて、世界的アパレルブランドのラルフローレンは2019年11月に、全製品に独自の2次元コードタグを付けると発表しました。スマホでこのタグを読み取ると、原材料や生産工程における労働の状況、偽物ではないことの証明、着こなしのアイデアなどまで詳細な情報を入手できるのです。

　未来の消費者たちのいちばんのニーズは、よい商品を安く買うことではないのです。自分たちが生活していく社会の課題とどう向き合っているか。地球を維持することに対してどんな風に貢献しているのか。そうした問いを抱えながら、政府や自治体、企業のありかたをシビアに観察しています。大学生の就職に対する考え方の変化も、象徴的です。**事業規模や実績よりも、良心を重視して就職先を選ぶ学生が確実に増えている**のです。

　つまり、そうした課題にコミットしている企業を応援したくて、モノやサービスを買う若者が増えているのです。それは、応援したくない企業のモノやサービスを買おうとはしない、ということでもあります。SDGsがさらに浸透する5年後、10年後には、そうしたマインドももっと加速しているはずです。

新しい顧客は「応援」したい

　これは**「買う」の概念が、「応援する」に近づいている**ことの表れでもあるでしょう。ビジネスの対象となるカスタマーの定義が変わってきている、ということでもあります。こうした若者たちが中心となる未来の市場を考えたとき、彼らの賛同を得られるか否かが、ビジネスにとって重要な岐路になるのです。マクドナルドやスターバックスなどのファストフードをはじめ、多くの外食産業がプラスチック製ストローを廃止している動きも、こうした視点から見てみるとより納得しやすくなるのではないでしょうか。ストローを紙製に替えるだけでは、廃棄プラスチックの問題は解決できないかもしれません。それを承知のうえだとしても、そうしなければ顧客が離れていく可能性があるのです。地球の前に、企業の持続性が危ぶまれるのです。

　ではどのようにしたら、新しいカスタマーの心をつかむことができるでしょうか。たとえば自社の商品を買えなかった人、選ばなかった人──つまり「新しいカスタマー」に、その商品をどう使ってもらうのか。新商品のために開発した技術を、他のサービスにどう転用できるのか。そんな視点からビジネスを考え実践すると、その商品やサービスを提供する企業の賛同者は、予想を超えた勢いで増加することでしょう。応援者、ファンをいかに増やすか。問いに答えたその先に、新しいマーケットが広がっているのです。

ラルフローレンのICタグ

画像出典：Newsroom - Ralph Lauren
https://corporate.ralphlauren.com/newsroom

地域課題と
ビジネス

SDGsがつなげる市民と行政

　世界に先駆けて超高齢化社会を迎えた日本は、地域課題の先端国ともいえる存在です。その解決は、持続可能な社会実現の世界指標となる可能性もあるのです。しかし縦割組織による地方行政のままでは、住民の減少と共に自治体そのものが消滅する恐れを拭えないでしょう。上下水道や道路など生活インフラの改修なども、現体制の財政では補いきれないと見られています。

　高齢化はまた、農林水産業を含む中小規模の事業者の後継者不足問題を生み出し、地域経済の衰退に少なからぬ影響をおよぼしています。そうした状況に加えて、気候変動が一因とされる局所的な大災害などが発生すると、地域経済に大きな負の連鎖が生まれることは明らかです。

　そうした課題に対して、**ローカルアクションの観点からSDGsを考えてみると、有効な解決策が導き出されることもある**のです。筆者、水野雅弘は、2013年から5年間にわたって、経済産業省資源エネルギー庁が主催する、地域事業者の育成事業に関わってきました。「まちエネ大学」と呼ばれる取り組みです。地域に眠る資源と課題を多様な人々で洗い出し、それらの資源を活かした再生可能エネルギーの可能性を探り、学びながら事業構想を協働するためのワークショップです。全国25か所で実施し、合計で約1,000人が参加。そこから20もの、地域型再生可能エネルギー事業者が誕生しました。

　それまで地域の市民リーダーたちは、主に合理性の観点から原発やダムの建設を進めようとする自治体や政府に対し、社会環境を守る立場で反対運動を繰り広げていました。彼らはこのワークショップから、自然エネルギーの事業採算性も理解することを通して、環境、社会、地域経済が折り合う方法を自身の手で編み出しました。その結果、売電から得た収益を利用して空き家を改修したり、環境保全や子育て支援の活動につなげるなど、再生可能エネルギーの可能性を地域で共有することに成功しました。分断されていた行政と市民の間に横のつながりが生まれたことで、二者の協働は加速しています。

ボトムアップで持続可能な地域に

「まちエネ大学」が示唆するのは、環境問題と地域の社会問題を、地域で循環するビジネスによって同時に解決するための接着剤として、SDGsは機能し得るということです。過疎化によって農業や林業、商店街の衰退などが進む地域では、多様な人々が対話を通じてビジネスを考える機会が必要です。そして多くの人々との協働を進めるうえで、SDGsは共通目標になるのです。

総合計画や環境基本計画をはじめ、**自治体の未来はSDGsなくして計画できないといっても過言ではない**でしょう。行政運営には、これまでのトップダウン方式だけではなく、計画事業を通じて市民と語り合い協働するボトムアップ方式も必要です。そして市民との協働を実現するためには、サステナブルな地域の小規模事業を応援する体制なども重要です。

環境省は2018年に「地域循環共生圏」を提唱しました。これは、各地域が自然景観をはじめとする独自の資源を活用しながら自立、分散型の社会をつくり、地域の特性によって資源を補い合い、持続可能な循環共生型の社会を目指す考え方です。自然共生ビジネスや地域医療、交通、遠隔学習など、地域にさまざまなビジネスチャンスをもたらす概念です。テレワークやワーケーションなど都市型就業スタイルの変革が進む今、地域課題を共創して学び合う機会から、新しいビジネスが生まれる可能性も大いにあるのです。

まちエネ大学の様子

ビジネスパートナーは
NPO、NGO

SDGsがつなげる企業とNPO、NGO

　SDGsを起点に、社会課題をビジネスで解決する企業のパートナーとして、NPOとNGOの存在は欠かせません。これまでNPO、NGOに対して、あまり前向きなイメージを抱けなかった企業も少なくないことでしょう。行き過ぎた活動として事業活動を阻止するなど、企業にとっては、むしろ敵対者的な存在と受け止められていた団体もあるかもしれません。けれども実のところその大多数は、社会課題解決をパーパスとして素晴らしい熱意で課題解決に取り組み、よりよい世の中の創造を目指す組織なのです。

　そして同時に、共通の課題を抱えていることも事実です。資金難から企業の寄付頼みの財務状況、人材不足、企業との敵対関係などにより、思うように社会を変革するような活動を展開できない悩みを抱えている団体が少なくないのです。

　その一方、企業は、新たな価値の創造によって生まれる新しい市場——ブルー・オーシャンを見つけるどころか、競争の激しい市場——レッド・オーシャンの波にもまれながら厳しい争いを強いられるばかりです。市場では相変わらずビジネス戦争が展開されているものの、84ページにもあるように、市場の主役である消費者の価値観は、若年層を中心に変化し、積極的にはモノを買わなくなっています。

　これまでのような概念の市場が限界を迎えている、と見ることもできます。そういう状況の中で、**企業にとってその突破口の1つとなり得るのが、NPO、NGOと共創そして協働する考え方**です。CSV（Creating Shared Value）の概念を唱えたアメリカの経営学者、マイケル・ポーターは、これからの時代の経営は国連、国（政府、行政）、企業、NPO、NGOが共創することで可能性が広がり、ユニークな施策につながると明言しています。

ウィン-ウィンの関係性

　とりわけ持続可能な社会をつくるという共通目標を持ったとき、企業とNPO、NGOは互いにとって最適なパートナーとなるに違いありません。パートナーシップを組むことにより、NPOとNGOは、企業の資金や人材という資源を活用できます。企業は、社会課題という新しいマーケットに対するNPO、NGOの深い造詣を、資源として活用できるのです。筆者、原裕は実際に、そうした事例に関わった経験を持っています。みずほ銀行が、テロ防止と紛争解決を目指すNPO法人アクセプト・インターナショナルと共創したプロジェクトでは、不正送金の防止に向けたキャンペーンを展開しました。また、メガネの田中は、ダウン症の子どもたちとその家族の支援などを目指すNPO法人アクセプションズ及びニコループと共創し、ユニークな写真コンテストを実施。どちらの事例も、社会にインパクトを与える成果につながりました。そしてどちらも、企業単体、あるいはNPO単体ではなし得ない取り組みでした。

　こうした事例からも、互いに連携し、パートナーシップを組むことの重要性はわかります。企業とNPO、NGOとでは、理念も行動原理も異なるでしょう。しかし共通の課題を目標とすることで、共創の道は必ず拓けるはずです。そしてその**目標の共通化にあたり、人類の共通目標であるSDGsは、またとないツールとなる**のです。

メガネの田中と共創したNPO法人アクセプションズのイベント「バディウォーク」の様子

ビジネスをリードする
マーケティング

モノからコトへ

　消費者の変化、市場の変化からも明らかなことですが、豊かさの概念が今、「モノ」軸から「コト」軸に変わってきています。**コト軸でいうところの豊かさとは何かといえば、いわば心の豊かさです。**

　心理学者アブラハム・マズローが提唱し、人間の欲求を5段階に理論化した「マズローの欲求5段階説」は、自分1人だけでなく、家族やコミュニティー、地球などが共に幸せになることのほうが、満足度が高くなると説いています。そうであれば急激な経済成長を果たし、自分1人を満足させるためのモノが溢れかえる時代も経て、これからは家族やコミュニティー、地球などの幸せを共に実現できる手段や商品、サービスなどが、より求められるようになるはずです。

　まさにSDGsの課題に応えられるようにビジネスを変革しなければ、消費者の共感は得られなくなっていくということです。そしてビジネスに変革を起こすためには、マーケティングから変革する必要があるはずです。

新しいミッション

　では、そもそもマーケティングとは何なのでしょうか。マーケティングとは、企業などの組織が行うあらゆる活動のうち、顧客が真に求める商品やサービスをつくり、その情報を届け、顧客がその価値を効果的に得られるようにするための概念です。顧客にとって魅力的な商品やサービスを生み出し、それが売れるような仕組みをつくること、と言い換えることもできるでしょう。もっと噛み砕くとすれば、売れるものをつくり、売れるようにすることです。その結果もたらされるものは、モノを軸とした豊かな消費社会、そして、ビジネスや組織の拡大と成長です。つまりマーケティングとは、いわば経済の要であり、エンジンともいえる活動です。

　筆者は長年にわたり、企業の中でマーケティングに携わってきました。競合企業がひしめきあい差別化が難しくなってきた中で、ここのところマーケティン

グ手法の限界が見えてきた実感があります。これまでのマーケティングは、純粋にビジネスの成長を使命としていました。それは時代が求めていた物質的な豊かさを、つくることでもありました。物質社会を追求した結果、世界は経済発展を遂げました。しかしその一方で、SDGsを必要とするほどに地球と社会が好ましくない方向に追い込まれてしまったことも事実です。つまり実は、マーケティングがそれを促進する手法の1つだったという現実があるわけなのです。

　豊かさの定義が変わり始めている今、ビジネスも変わらなければ、消費者の支持を得られなくなってしまうでしょう。賛同を得られる企業になれない、ということでもあります。経営の観点から、理念やCSR（企業の社会的責任）の取り組みとして採り入れるだけでなく、消費者の生活を支える商品やサービスがダイナミックに変わる、ある意味で産業革命に近い現象を起こさなければ、結果は同じなのです。こうしたことからも、消費者とのコミュニケーションを生み出すマーケティングの重要性と、その変革の必要性がわかるでしょう。

　心の豊かな社会をつくること。そして持続させること。それがこれからのビジネスの使命です。そしてだからこそ、マーケティングを実践するすべての人のミッションでもあるのです。

マズローの欲求5段階説

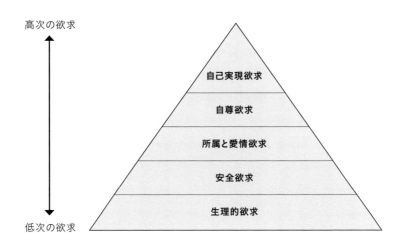

高次の欲求

自己実現欲求

自尊欲求

所属と愛情欲求

安全欲求

生理的欲求

低次の欲求

キーワードは
「パーパス」

パーパスなくしてSDGsは使えない

　パーパス（Purpose）は、一般的に「目的」や「意図」などと日本語訳されている英単語です。しかし近年、ビジネスの文脈では、企業の存在意義を示すために用いられることが多くなりました。その企業がなぜその事業に取り組んでいるのか、それを社会的な意義から定義したものです。「理念」がどちらかといえば内向きのコミットメントであるのに対して、**「パーパス」は内外とのコミットメント──すなわち「共有価値」を示す言葉**と筆者は位置づけています。

　SDGsがパーパスとも密接に関係しているのは、パーパスなくしてSDGsを使いこなすことはできないためです。パーパスを、SDGsの中心に据えて考えてみましょう。するとSDGsは単なる理解や学習の対象に終わらず、行動の起点になるでしょう。そこから新しいビジネスへのアクションが生まれたり、目標達成の共有によってイノベーションが起こる可能性も大きいのです。あるいはパーパスでつながった価値観によって、企業風土が変わることだってあるでしょう。ビジネスにとってのSDGsの位置づけが、ここにあります。

　SDGsを、パーパス志向を高めるツールとしてとらえると、より鮮明になるかもしれません。パーパス志向が高まり、より明確になっていくと、結果的にSDGsにコミットすることになるからです。そうすると、たとえば離職率の抑制などにもつながるでしょう。

企業のパーパスは社会課題の解決

　パーパスは、自社利益を追求するあまり忘れていた創業理念の再確認にもつながります。本来、企業理念の多くには、創業者の強い意思と社会貢献志向が反映されています。しかし時間と共に形骸化し、残念ながら従業員からの共感性が薄くなってしまうものです。

　なぜ、自社のビジネスがSDGs達成を目指すべきなのか。企業が社会課題を解決しなければならないのか。その答えもパーパスに存在しています。**社会課題の解決こそ、企業のパーパス──存在意義そのもの**だからです。

　マイクロソフト三代目のCEOサティア・ナデラが就任後、真っ先に着手した取り組みをご存知ですか？ 収益のため各社員がバラバラに動き、企業としての存在意義が薄れていたことを最大の課題と考え、同社の存在意義を再発掘して社会に貢献できる企業文化をつくることだったといわれています。

　またアップル設立者の1人であったスティーブ・ジョブズは辞職後、再び同社にCEOとして戻った際に、幹部や社員が同社の存在意義を見失っていたことから、あの有名な広告「Think different」をつくったといわれています。当時、1990年代末〜2000年代初頭のアップル・コンピューター（現アップル）は混乱を極め、ビジネスも低調、株価も低迷状態でした。そうであったにも関わらず、その広告に商品などは一切登場していません。アインシュタインやキング牧師、ピカソなど、世の中を変えた時代の風雲児たちをキャスティングすることで、組織の存在意義を表現しました。ごく短い「Think different」のスローガンだけで、違いを受け入れ合う価値観や考え方が、よりよい世の中の創造につながるという力強いメッセージを訴求しました。

　その後のマイクロソフト、アップル両社の快進撃は、皆さんもご存知のとおりです。こうした例からも、パーパスの重要性がわかるでしょう。

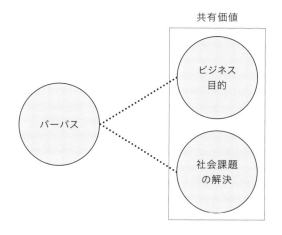

「パーパス」は、共有価値（自社のビジネス目的と社会課題の解決策）を示す言葉

パーパス経営と
パーパスマーケティング

世界にイノベーションを起こすパーパス経営

　近年、大手グローバル企業は軒並み、企業経営のど真ん中にパーパスを据えるようになりました。そうした現象をうけて、「パーパス経営」という言葉も使われ始めています。企業のパーパスを原動力とする、いわば**「パーパスドリブン」な経営手法**のことです。

　たとえばユニリーバは「持続可能な暮らしの実現」を掲げ、環境保全や社会課題の解決に注力するブランドを立ち上げています。その商品の1つ、すすぎ用の水と労力の大幅削減を成功させた衣類用洗剤は、衛生的な水の確保を課題とする東南アジアなどを中心にシェアを広げています。

　また「生活の質向上と、さらに健康な未来づくり」を宣言しているネスレは、南米のコーヒー農園への支援などを通じて、現地の土壌や水資源の改善、農家の生活向上などを実現していますが、それは同時に商品の品質向上にもつながり、事業の成長を呼んでいるのです。

　両社の取り組みは、SDGs設定にも大きく寄与しました。それまでの常識では相容れないとされてきた事業の収益化と社会課題解決を同時に実現する――つまり、社会課題をビジネスで解決するCSV企業としても知られています。ちなみに「CSV」（共通価値の創造）は、ネスレが経営方針の中で用いた後、アメリカの経済学者マイケル・ポーターによって概念化された言葉です。

　ユニリーバもネスレも、トップ自身が危機的な地球環境の状況に気づき、いち早く持続可能な地球の実現につながるビジネス活動をスタートさせました。そうしたアクションを起こせたのは、両社のトップが敏腕な経営者であると同時に、優秀なマーケターであったからに違いありません。さらに両社の取り組みが、パーパスを持たない思いと言葉だけの経営理念、もしくはCSRの延長から出発したものだったとしたら、ビジネスの変革は起きていなかったことでしょう。

ビジネスパートナーは顧客

　一方、私たち生活者がビジネスを通して社会課題の解決に参加できる機会はといえば、そうした商品を購入すること、あるいはキャンペーンへの参加などでしょう。だからこそ**消費者にとっては、マーケティングの役割が最も重要**なのです。持続可能な企業組織となるためには、これからの消費者たちと共創し、共働し、共生するマーケティングが必須です。いわばビジネスパートナーは顧客、といった意識です。たとえば顧客や生活者と一緒に、よりよい社会をつくろうとする企業哲学のアウトプットが、商品やサービスとして結実するようになるかもしれません。そうやって企業が発信する商品やサービスは、よりよい社会へと進むための原動力となるはずです。もっといえば、そういうマーケティングを考え実行できる企業でなければ、生き残ることが難しくなっていくでしょう。

　パーパスから出発したマーケティングは、参加した全員が心豊かになるようなモノやサービスが次々と生まれるビジネスを実現させるでしょう。パーパスから出発したマーケティングによって提供される商品やサービスは、次の世代にも通用します。流行や時代の雰囲気に振り回されることなく、本当の意味でのエンゲージメントを高める力があるのです。言い換えると、経営者のビジョンや企業のミッション以上に社会を変革する力を備えているのは、個々のマーケターのパーパスそのものなのです。

ユニリーバは、環境に配慮した原材料やパッケージを採用した製品を展開

自分たちの
パーパスを探そう

SDGsはパーパスを探す旅の出発点

パーパスは存在意義──社会の中で客観視したときに、自分がどんな存在として映るのか、ということです。自分自身や自社のパーパスを見つける1つのきっかけとしてできあがったのがSDGsだと考えてみると、よりイメージしやすいかもしれません。17のゴール、そして169のターゲットを自分の中に落とし込み、**SDGs達成のために自分ができることを考えてみると、自分自身のパーパスとつながることもできる**のです。

そうはいっても、自分のパーパスを見つけるのはなかなか難しいものです。それもそのはず、パーパスとは言語化しにくいものなのです。科学的に考えてみましょう。人間の脳の外側は、大脳皮質と呼ばれる部分です。言語などを司る分野です。生物の進化に伴い後発的に出現した組織で、人間など高度な進化を遂げた生物しか持たないとされています。一方、本能は脳の中心部分が司っています。

たとえば同じ条件のものを2つ並べられたときに、「何となくこちらのほうがよい」と感じる点は、言語化しにくいものです。言語化しにくいということは、論理的に説明しにくいということです。しかし説明はできなくとも、「こちらのほうがよい」という感覚は変わりないでしょう。人間が、本能に近い部分で物事を選び取っている証です。パーパスにも、同じことが当てはまるのです。

パーパス発見のキーは「WHY」

どのようにしたら自身のパーパスを発見できるのでしょうか。そのために重要なツールが「WHY」(なぜ)です。アメリカの経営コンサルタント、サイモン・シネックは自著「WHYから始めよ」の中で、「なぜ?」と5回ほど自問を繰り返すと、これ以上は答えがないという状態にたどり着くとしています。それこそが、あなたにとって本質的なこと──パーパスになり得る事柄なのです。やぶからぼうに、自分、あるいは自社の存在意義とは何なのか、と哲学的な問いを投げら

れても、即答できる人などそう多くはないはずです。だからこそ、「WHY」を手がかりに探求することをお勧めします。

それはつまり、自分自身を問うてみる、ということでもあります。そして自分に問いかける際のフィルターとして、SDGsは大いに役立つはずなのです。たとえば自分の中にできたパーパスが、「本当に公平な、誰1人取り残さない社会をつくりたい」だったとします。するとパーパスは、どのように（HOW）、何によって（WHAT）、それを達成するのか、という道筋を導き出すことでしょう。

近年、頻出するようになってきたビジネス用語「パーパスマネジメント」の出発点は、個人のパーパスの集合体が共有のパーパスになるという組織のあり方です。ゆるぎないパーパスがあれば、それを核としてさまざまな人や要素とつながりあうことができます。もっと広い視点からも考えてみましょう。事業やプロジェクトの核にパーパスがあれば、顧客や関係者やステークホルダーがパーパスでつながり、一緒に協働、共創することができるのです。

SDGsは、SDGsをパーパスとする共通目標の共有化です。実はここに、ビジネスのカギが潜んでいます。**社会の共通課題解決に対する自分の役割を、客観的な視点から見つめることが、結果的には企業のブランド価値を上げていくことになる**からです。

サイモン・シネックの「ゴールデン・サークル」

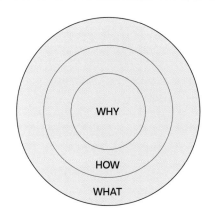

サイモン・シネックが視覚化した「WHY」の概念。ビジネスで考えると、「WHAT」は売っている商品やサービス。「HOW」はどうやって競合と差別化するか、特別なものにするか、その手法。そして「WHY」は目的、動機、信念、つまり企業の存在意義（パーパス）。収益はあくまでも結果であり、企業のWHYはお金を生み出すことではないと説いている

クリエイティビティーに
立ち戻ろう

合理的より情緒的

　SDGs達成を目指すこれからの時代に必要なビジネススキルとは、何なのでしょうか。それを考えるために、興味深いデータをご紹介しましょう。アメリカの世論調査企業ギャラップの科学者、ジョン・H・フレミングとジム・アスプランドの共著「ヒューマン・シグマ」で紹介された実験の結果です。彼らは被験者に質問しながら脳を測定し、どの部分が反応しているのかを科学的に定量化してみせました。その結果、**情緒的な理由による支持者のほうが、合理的な理由による支持者よりもビジネスインパクトが高い**ことが検証されたのです。合理的な理由による支持者は、他にもっと合理的な物事が登場したら、そちらへ動いてしまうからです。ビジネスの中核を成してきた合理性の競争は、消耗戦だったのかもしれません。

　「情緒的」とは、パーパスと同じく合理的に説明しづらい言葉です。しかし先行き不透明な時代を迎えた今、情緒の必要性が増しているように筆者には思えるのです。

　競合が林立する現在の市場の中では、他社より少し価格を下げれば消費者はこちらへ動きます。しごくまっとうと受け止められてきた、ビジネス戦略の1つです。しかし本当にそれが実のあるビジネスとして展開できているのかといえば、そうとも限りません。自分たちの身を削っている場合も多いからです。

　それではビジネスの荒波を、これからはどう戦ったらよいのでしょうか。それは企業のパーパスを持つこと。そして消費者の共感を得ることです。共感と社会課題は相性がよいものです。実はそこに、ビジネスのエンジンであるマーケティングの存在意義もあるのです。

パーパスが創造性を呼ぶ

　長い間、マーケティングは科学の世界だとされてきました。さまざまなツールを使って分析し、その結果に対して最適な答えを自動的に導き出そうとする

のが、これまでのマーケティングのクールな側面でした。けれどもAIが目覚ましい進歩を遂げ、さまざまなツールを扱う作業すらAIに取って代わられるこれからの時代に、マーケターは何を目指したらよいのでしょうか。

　世界経済会議や、リンクトインが発表した分析によると、これからのビジネスに最も求められるソフトスキルはクリエイティビティー──創造性や独創力だとされています。元来マーケティングは、クリエイティブ、つまりアートの要素を多分に含んでいました。合理性が科学の世界だとしたら、情緒はアートの領域です。本来は**企業経営もマーケティングも、その他の職種にも、科学とアートの両側面が必要**なのです。

　これからのマーケターにもたらされるのは、どのようにクリエイティブに社会を変革していくかという新たな役割でしょう。それは、意味を問う力を持たないAIには、決して踏み込むことのできない領域だとされています。そしてもう一度クリエイティブに立ち帰るために、重要となるのがパーパスなのです。パーパスを起点にビジネスを考えると、お客様の共感をどう得るのか、社会課題をどうビジネスで解決するのか、そうした難題に行き当たることでしょう。けれどもその難題を乗り越える「HOW」と「WHAT」が見つかったとき、殺伐とした消耗戦とはほど遠い、心豊かなビジネスが実現できるに違いありません。

合理的よりも情緒的なものを目指すマーケティング

合理的な理由より、情緒的な理由のほうがビジネスインパクトが強い

心豊かなライフスタイルの道しるべ

　自然環境に配慮した農法の野菜やフェアトレードの衣類など、エシカルな商品は年々増すばかり。とはいえ生産工程のすべてが見える化している商品は、まだまだ少ないのが現状です。消費者としてもSDGs達成に貢献したいけれど、どれを選んだら地球と社会のためになるのだろう？そんなふうに迷ったとき、1つの手助けになる認証マークの一部をご紹介します。こうした認証ラベルには下に挙げたものの他にも、地域の原材料や技術による地産地消型の特産品を認定した「ふるさと認証食品制度」のマーク（各都道府県）、消費電力の基準を満たすパソコンなどのオフィス機器を認証する国際的な制度「国際エネルギースタープログラム」マーク（日本：経済産業省）などがあります。

　マークがなくとも、社会課題を解決している商品はたくさん存在しています。参考にしつつ、自分なりの指標を持てたら、生活はもっと心豊かになるに違いありません。

責任ある森林管理で生産される木材と製品の認証
（Forest Stewardship Council：森林管理協議会）

持続可能で水産資源と環境に配慮した漁業で獲られた天然水産物の証
（Marine Stewardship Council：海洋管理協議会）

持続可能な農場とその農産物を認証
（一般財団法人日本GAP協会）

フェアトレード認証製品であることを示す国際フェアトレード認証ラベル（特定非営利活動法人フェアトレード・ラベル・ジャパン）

オーガニック繊維で作られた製品の認証（Global Standard Gemeinnützige GmbH）

Chapter

04　SDGsをマーケティングの
4Pに当てはめる

繁栄をもたらした
マーケティング4P

今なお基本のフレームワーク

　通称「マーケティング4P」と呼ばれているマーケティングミックスのことは、ご存知の方も少なくないことでしょう。これは、**マーケティングで重要な4つの要素**――Product（製品）、Price（価格）、Promotion（宣伝、広告）、Place（流通）**を最適に組み合わせ、マーケティング成果を最大化するためのフレームワーク（枠組み）**です。4つの要素のすべてが「P」で始まる単語であることから、「4P」と呼ばれるようになりました。

　1960年にアメリカの経済学者、ジェロルム・マッカーシーにより提唱されたものですが、その概念の登場から60年もの時を経過した今なお、世界で最も有名なマーケティングフレームワークといってさしつかえないでしょう。このフレームワークは、マッカーシーの友人でもあるアメリカのマーケティング学者、フィリップ・コトラーが使ったことにより普及しました。

　マーケティング4Pの考え方は、もともとは顧客と売り手、双方の視点から発想されたものです。しかしながら、1970年代終盤に台頭してきた、消費者の基本的権利の保護を主張する理念――コンシューマリズムの観点と比較されたことをきっかけに、マーケティング4Pは売り手側の視点によるマーケティングフレームワークととらえられるようにもなりました。

　ちなみに、日本におけるマーケティングは、4Pの内のPromotion（主として宣伝、広告）の側面を中心に考えられているケースが多いようです。けっして間違いではありませんが、それはあくまでも狭義のマーケティングなのです。

　米国マーケティング協会では、「マーケティングとは、顧客、クライアント、関係者、そして広く社会に価値をもたらすモノ／コトを創造、コミュニケーション、流通、交換するための一連の制度やプロセスである」と定義しています。

デジタルの普及で環境が変化

　マーケティング4Pの登場後も、「3C」「AIDMA」「AISAS」「STP」など、さまざまな視点を切り口としたマーケティングフレームワークが生まれました。またインターネット、デジタル、ソーシャルメディアの活用などによって、市場も大きく変わりました。

　たとえばAmazonなどのECによる流通改革や、ソーシャルメディアの影響から口コミの重要性が増したことなどは、読者の皆さんにとっても身近に感じられる変化の例でしょう。さらに、本書でもフォーカスするさまざまな社会問題、環境問題は、消費者の価値観に大きな変化をもたらしており、環境問題へのコミットは、もはや経営戦略の柱の1つになりつつあります。それでもなおマーケティング4Pは、最もシンプル、かつ、マーケティングの基本となるフレームワークの1つだと、筆者は考えています。世の中が複雑になればなるほど、シンプルな原則が重要なのです。

　とはいえ、そのマーケティング4Pにもアップデートが必要だと考えます。それは、前述してきたように、山積する社会課題解決の必然性が、マーケティングにも現れてきているからです。

マーケティングの4P（マーケティングミックス）

Product 製品、サービス、品質、デザイン、ブランド など	**Price** 価格、割引、支払条件、信用取引 など
Promotion プロモーション、広告宣伝、ダイレクトマーケティング など	**Place** 流通、チャネル、輸送、流通範囲、立地、品揃え、在庫 など

Product（製品）、Price（価格）、Promotion（プロモーション）、Place（流通）の4つの観点で行うマーケティングのことを4Pという

時代と共に変わる
マーケティング

マーケティングの変遷

　前出のフィリップ・コトラーは、2010年出版の共著「マーケティング3.0」の中で、時代と共に変化するマーケティングの目的やコンセプトなどを示しています。1950年代後半〜1960年代のマーケティングを示したマーケティング1.0では、より多くの商品を販売し利益を得るという目的のため多くの製品開発、生産を行い、マスメディアを通して消費者の購買意欲を刺激する、いわゆる伝統的なマスマーケティングとしています。それに対して1970年代後半〜1980年代のマーケティングを表したマーケティング2.0では、顧客に焦点を当ててその満足度を目的に掲げ、1対1のコミュニケーションで顧客との関係性を高める手法に変わり、商品そのものの差別化を訴求しています。そして1990年代後半〜2000年代のありようを表したマーケティング3.0では、**マーケティングの目的を「よりよい世の中にする」**（make the world a better place）**ことと定義し**、マーケティングの指針を「企業の理念、ミッション」としました。単に一般大衆の物質的な欲求に応える時代から、成熟した消費者と新しい価値を共創し、よりよい世の中を創造する時代へ、価値観が大転換したと考えられます。

　マスメディアの発展と共に、マーケティングは企業の売り上げを促進し、消費文化を牽引することで企業に繁栄をもたらしてきました。裏を返せば、経済活動成長のエンジンとして機能し、場合によっては消費を必要以上に助長してきたマーケティングが、地球と社会の現状に対して負うべき責任は決して軽いものではないのです。「マーケティング3.0」には、コトラーのそのような想いが込められているのです。

新しい潮流

　コトラーは2013年、本書104ページに示した4Pに加え、マーケティングに重要な要素として新たなP——パーパス（Purpose：存在目的）を追加しまし

た。これは企業や商品、サービスがなぜ存在するのか、その社会的な大義や価値を示すものです。つまり、マーケティング3.0の目的である「よりよい世の中にする」ためには、パーパスが不可欠であるとコトラーは考えたのです。また、2014年に出版された著書「Good Works！」では、「コーズ・キャンペーン」「コーズ・リレイティッド・マーケティング」「ソーシャル・マーケティング」について、その概念や事例を提示しています。これらはいずれも、社会課題をテーマにしたマーケティングの手法を示しています。

　コトラーが新たなPとしてパーパスを加えた理由は、コモディティ化※の時代においてモノ（商品やサービス）だけでは差別化が難しいこと、そしてモノの豊かさから心の豊かさへと消費者のニーズが変わったことにもありそうです。前述のとおり、マーケティング3.0では、マーケティングの方針を「企業の理念、ミッション」としています。マーケティングにおいても企業理念、つまり「コト」が重要だと説いているのです。多くの企業の理念には、社会的大義が盛り込まれています。それを社内だけに留めず、顧客をはじめとする関係者との共有価値、いわばパーパスにすることが大切としているのです。**モノの価値を伝えるだけでなく、パーパスを顧客との共有価値、つまり一方的に伝えるのではなく、共感してもらえる価値にする**ことが、マーケティングの重要な役割になってきたのです。

マーケティング1.0〜3.0の変遷

	マーケティング1.0	マーケティング2.0	マーケティング3.0
目的	商品販売	顧客の満足度と継続	よりよい世の中に
マーケット	ニーズを持った消費者	賢い顧客	より成熟した生活者
キーマーケティングコンセプト	製品開発	差別化	価値
マーケティングの指針	商品の詳細	ポジショニング	会社の理念、ミッション
提供価値	機能性	機能性＋情緒性	機能性＋情緒性＋ミッション
顧客との関り	one-to-manyトランザクション	one-to-oneリレーションシップ	many-to-manyコラボレーション

「コトラーのマーケティング3.0　ソーシャル・メディア時代の新法則」(2010年 朝日新聞出版社刊)より

※ 付加価値を持っていた商品がすぐに一般的な商品になり、差別化ができなくなること。

マーケティングで
よりよい世の中を共創する

社会課題への対応で売り上げ向上

　地球環境が危機的状況にある今、これからのマーケティングには、社会的大義——社会課題を解決して持続可能な社会を創造する視点が不可欠になってきました。社会課題解決に貢献する企業活動と聞いて、CSR（企業の社会的責任）を思い浮かべる方も多いのではないでしょうか。しかしCSRは多くの場合が寄付による貢献であり、また自社の顧客を巻き込んでいないため、広がりを感じられにくいのです。つまりコストとしてのCSRではお金や価値が循環しないことから、限定的な活動にならざるを得ないのが実情です。その証拠に、CSRが重要視され実践されてから約20年ですが、地球環境は改善されるどころか悪くなる一方です。多額のマーケティング予算が投資され、共有価値を通じて自社顧客とコミュニケーションし、豊富な人材がいるマーケティングへの組み込みがなされなければ、持続可能な社会のためのイノベーションは起きないのです。

　モノ余りの時代を迎え、**消費者は物質的豊かさから精神的豊かさを求める方向へと急変**しています。また激化する自然災害などの地球環境問題が、生きていくうえで最も重要な課題ととらえられるようになっています。それゆえ企業の理念や行動姿勢、すなわちパーパスが商品に生かされているかが、消費者にとってはモノを選ぶ際に重要になってきました。**社会課題に本気で取り組まない企業の商品は、選択肢にさえ上がらなくなっていくでしょう。**筆者、原裕が所属する株式会社メンバーズが日本の消費者を対象に行った調査では、社会課題に関心を持つ層が各世代に一定層いること、そして実際に社会課題解決に取り組んでいる企業の商品やサービスへの購入意向が高いことが、明らかになりました（次ページの図参照）。つまりマーケティングに社会課題への対応を採り入れることは、消費者のニーズでもあるからこそ、売り上げの向上にもつながるのです。

持続的マーケティングへのシフト

　そうした消費者の変化に対応できるマーケティングを実現するためには、これまでのマーケティングのアップデートと、それを推進するためのフレームワークが必要です。ところが残念なことにマーケティングの領域や部門は、相も変わらず競合との差別化、多機能化、マスマーケティング、デジタルによる効率化といった既存の手法に執着しています。

　1960年にマーケティングに大きな影響を与えたアメリカの経済学者セオドア・レビットは、論文「マーケティング近視眼」（Marketing Myopia）で、近視眼的に物事を見てしまうことで本質的な課題の把握や理解ができないことを指摘しています。今まさに、より広い視点で顧客や市場をとらえ直し、持続的なマーケティングを始める必要があるのです。

　ではフィリップ・コトラーが説いたように「よりよい世の中にする」ためのマーケティングには、どんなフレームワークが有用なのでしょうか。それは、SDGsが軸として組み込まれているものであろうと、筆者は考えています。**SDGsはあらゆるセクターの共通目標であり、ビジネスの力なくして解決し得ない課題でもあり、なおかつ、人類の共有価値**だからです。

社会課題の解決に積極的に取り組む企業の商品、サービス購入意向

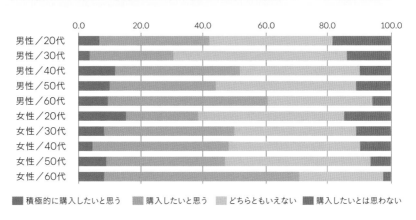

出典：株式会社メンバーズ「CSVサーベイ2019（社会課題と消費者の購買意識）」より

マーケティングを
アップデートしよう

モノ軸マーケティングからの脱却

　現在の混とんとした世界のありようは、地球の限界と、CSRの限界と、マーケティングの限界——この３つが同時に訪れ、顧客層も変化しているから、と説明することもできます。それを打破できるビジネス活動を始めるためには、モノ軸を基準としたマーケティングからの脱却が急務です。負のサイクルの果てに地球を限界まで至らしめた責任において、早急にパーパスのあるマーケティングへと切り替える必要があるのです。

　そこで筆者は、社会課題解決をマーケティングニーズとしてとらえ、SDGsに置き換えてみることを考えました。そして「サステナビリティー」を新しい基軸とした、マーケティング手法のアップデートを試みました。その結果として開発したのが、誰もが使いやすく、かつ有効なマーケティングのための新しいフレームワーク「**SDGs Marketing Matrix**」です（112ページに掲載）。

　グローバル経済という視点から地球資本を考えたときにも、どんな産業分野、業種、業態にも当てはめられる、実践的なフレームワークです。このSDGs Marketing Matrixは、マーケティングはコストがかかるとされてきたこれまでの常識を覆す力も備えています。結果的にコスト削減につながるうえ、本当に必要としている消費者に商品やサービスを届けられるアイデアも生まれることでしょう。また、半永久的にビジネスの基準として使えるのも特長です。それはこのフレームワークが、人間の存在意義を基準につくられたものだからです。

誰一人取り残さないマーケティング

　マーケティングをアップデートする必要性は、別の観点からも説明することができます。経済モデル自体の変革が求められている、ということです。リスクとリターンだけを数えていくビジネス手法が、ここまでの不平等や経済格差を生み出してしまった、といったらイメージしやすいでしょうか。ほんの一部の富を持つ人々だけが地球の経済を握っているという今の世界を、SDGsが説くと

ころの包括的、包摂的な世界へと変えるべきときが来ているのです。そして**根本的な経済活動の変革をけん引していくのは、マーケティングの役割**なのです。

　すでに金融の流れは変わり始めています。そのことによって、経済社会が大きく方向を変えることは必至です。しかし意思決定者を含め、経済活動の現場にいる人たちの志向性が変わらなければ意味はありません。筆者がアップデートしたフレームワークは、その変革もサポートし得るのです。

　短期的な利益や、儲けようという意欲がこれまでのマーケティングの切り口だとすれば、アップデートした手法はむしろまったく逆の発想から生まれたものです。このフレームワークを手にした皆さんによって、社会はより最適な資源の循環を生み、企業は中長期的に利潤を生み出し続け、よりよい方向へ持続的に回転し始めるに違いありません。

　ITが浸透した今、これからの時代は、AIが猛スピードで人間の生活を支えていくことでしょう。しかしどんなに技術が進歩しても、AIに意味を問うことはできないといわれています。自社や、ビジネスにおける自分自身の存在意義を問う力、そんな人間が備え持つクリエイティブな能力も活用したビジネスには、誰一人取り残さない人間らしさが満ちていることでしょう。そういうビジネスが当たり前になる日には、もうビジネス用語に軍事用語の派生語は必要なくなっているはずです。

モノ軸マーケティングから脱却が必要

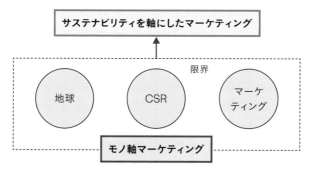

地球、CSR、そしてマーケティングが限界を迎えている今、サステナビリティを軸にしたマーケティングにアップデートする必要がある

SDGs Marketing Matrix

Marketing 4P ＼ SDGs 5P	A **People** （人間）	B **Planet** （地球）
関連するSDGsゴール	1 / 2 / 3 / 4 / 5 / 6	12 / 13 / 14 / 15
1 **Product** （商品・サービス） 社会課題を解決する未来の商品	1A ☑生産工程が、生産者の搾取や犠牲のうえに成り立っていないか？ ⇒続きは120ページに掲載しています	1B ☑商品は土壌汚染や海洋汚染に影響を与えていないか？ ⇒続きは121ページに掲載しています
2 **Price** （価格） 公正で透明性の 高い価格	2A ☑仕入先を犠牲にする価格設定になっていないか？ ⇒続きは125ページに掲載しています	2B ☑自然環境に対してフェアな仕入れに立脚した価格となっているか？ ⇒続きは126ページに掲載しています
3 **Placement** （流通） 誰も犠牲にしない サプライチェーン	3A ☑消費者の利便性や自社の利益を優先し、流通に関わる企業や人に過剰な労働負荷をかけていないか？ ⇒続きは130ページに掲載しています	3B ☑自社の流通は環境に負荷をかけていないか？ ⇒続きは131ページに掲載しています
4 **Promotion** （販売促進） 社会とビジネスに よいプロモーション	4A ☑世界および国内の貧困や飢餓をなくすためのコミュニケーションを実施しているか？ ⇒続きは135ページに掲載しています	4B ☑パッケージや広告が資源の無駄につながっていないか？ ⇒続きは136ページに掲載しています

Purpose

全図はこちらからチェックできます。
⇒https://marketing4futures.com/

C Peace （平和）	D Prosperity （豊かさ）	E Partnership （パートナーシップ）
16	7 / 8 / 9 / 10 / 11	17
1C ☑ものづくりやサービスは平和に貢献しているか？ ⇒続きは122ページに掲載しています	1D ☑物質的な豊かさだけでなく、心の豊かさを育む商品になっているか？ ⇒続きは123ページに掲載しています	1E ☑製品やサービスは専門的な知見や知識および技術と連携し、持続可能な発展のためのグローバルパートナーシップを強化しているか？ ⇒続きは124ページに掲載しています
2C ☑安価な価格を得るための資源搾取や低賃金による情勢不安を引き起こし、紛争の原因となっていないか？ ⇒続きは127ページに掲載しています	2D ☑不当に自社だけの豊かさを追求した価格と利益確保になっていないか？ ⇒続きは128ページに掲載しています	2E ☑パートナーと公平なWIN＝WINの価格設定になっているか？ ⇒続きは129ページに掲載しています
3C ☑流通過程において先住民を含む地域コミュニティーの生活や文化の破壊が生じていないか？ ⇒続きは132ページに掲載しています	3D ☑自社のサプライチェーンに携わるパートナーが豊かな生活を得ることができているか？ ⇒続きは133ページに掲載しています	3E ☑商品販売を通じて、生産地と消費地である都市生活者をつなぐ仕組みができているか？ ⇒続きは134ページに掲載しています
4C ☑不正取引を防ぐ広報や、法令遵守を伝えるコミュニケーションとなっているか？ ⇒続きは137ページに掲載しています	4D ☑物質的な豊かさの訴求だけでなく、心の豊かな社会を築くことを訴求できているか？ ⇒続きは138ページに掲載しています	4E ☑単独のプロモーションではなく、顧客を含むパートナーとの共創を実行できているか？ ⇒続きは139ページに掲載しています

（事業の存在意義）

新しいマーケティング
フレームワーク

マーケティング4P×SDGsの5P

　筆者はSDGs Marketing Matrixを、あくまでもこれからのビジネスに実践的に活用できるものにしたいと考えました。そこで考案するにあたって、下記の3点を重要視しています。

・シンプルであること
・SDGsをビジネス、マーケティングに落とし込む
・企業のパーパス（存在意義：なぜその事業を行うのか？）

　そして開発したのが、112ページで紹介しているフレームワークです。これはマーケティング4Pと、SDGsの切り口の1つとなった5P（23ページ参照）を、マトリクスにしたものです。ではなぜ、マーケティング4Pと社会課題解決のキーワード5Pをマトリクスにしたのでしょうか。それはこのフレームワークを開発するにあたって、以下の項目を前提として考えたからです。

・マーケティング資源（人、モノ、金）が豊富で、このリソースを社会課題解決に役立てる
・生活者は日常、企業から多くの商品やサービスを購入、消費しており、この活動自体が社会課題の解決になることが最も大きな成果を受けて生み出せる
・SDGsはステークホルダー（この場合は企業と顧客）との共創が必須である。マーケティングは企業と顧客の接点である
・従来であれば相反する2軸を共創の2軸にすることで従来にない市場や新しい価値観に基づく経営、マーケティングにつながる（次ページの図参照）

　筆者は、マーケティングは単なる自社商品の販売プロセスではなく、**企業と**

顧客とのインターフェイスだと考えます。また、マーケティングが顧客のニーズを捕まえて商品開発やコミュニケーションを実行しますが、その顧客のニーズの中で、従来の機能や価格だけではなく、自分たちの生活する地球環境の持続性も重要になってきているのです。

もうひとつの「P」

このフレームワークは4Pと5Pの2軸に加え、もう1つの重要な「P」がベースになっています。本書の各所に登場する「パーパス」(Purpose)がそれです。パーパスについては、94ページや96ページに詳しく書きましたので、読み返しながら確認するとよりわかりやすいかもしれません。また肝心のパーパスの見つけ方を、98ページにご紹介していますので、そちらもぜひ参考にしてください。

なおパーパスの概念については、アメリカの経営コンサルタント、サイモン・シニックが2009年にTEDで披露したプレゼンテーション「Start With WHY」を見れば、さらによくわかります。この動画の中で彼が説明する「ゴールデンサークル」は、シンプルかつパワフル。TEDでも5本の指に入るほどの人気を誇っています。VUCAとも呼ばれるこの混乱の時代に必要なのは、企業の存在意義(WHY、Purpose)だと説明しています。必見です。

共創の2軸が生み出す持続可能なビジネス

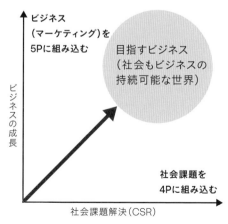

ビジネス成長と社会課題解決は、別のベクトルを目指すものとされてきたが、マーケティング4PとSDGsの5Pの概念を組み込むことで、より広い領域を創造し、双方の目的を同時に達成できる可能性がある

4P マーケティング理論をSDGsからとらえ直す

資源循環に基づき、製品開発を通じて人間らしい仕事と、能力を開発する仕組みをつくる。製品やサービスを通じて、真の豊かさを創出できるコトやモノを提供する

Products
製品開発

地球システムの復元や自然資本保全の重要性を認識したうえで市場をとらえ直す。運搬から流通、販売チャネルのすべてにおいて、包摂的な経済に配慮した社会的共通資本を土台として、市場を定義する

Placement
市場開発

Price

価格戦略

これまでの自社の利益優先の価格設定ではなく、社会的公平や平等性の観点から、製品やサービスの価値を考える。適正な価格設定により、格差社会を助長せず、適切な企業収益を持続的にもたらすお金の循環システムをつくる

Promotion

**販促
コミュニケーション**

これまでの製品の認知、販売促進を重視した広告、宣伝手法から、消費者の意識変革と気づきをもたらすプロモーションに転換する。デジタルを含め、あらゆるチャネルを通じてマルチステークホルダーとの共感コミュニケーションを設計し、社会に変革をもたらす価値を発信する

新フレームワークは
こう使う

考えて行動するためのツール

　SDGs Marketing Matrixはシンプルゆえに、非常に使いやすい点も大きな特徴です。たとえばこのフレームワークを使い、環境負荷軽減をパーパスとする企業の商品の宣伝方法について、確かめてみるとしましょう。マーケティング4Pの縦軸から「Promotion」を選び、SDGsのもう1つの切り口となった5Pの横軸から「Planet」（地球）を選ぶと、両者が交わるところに「4B」のセルが見つかります。セルの中には、こんな問いが設けられています。

・パッケージや広告で資源の無駄につながっていないか？
・環境保全のためのコミュニケーションを行っているか？
・広告やプロモーションを通じて、小売りや消費レベルにおける食料廃棄や衣料廃棄を半減させることを促進できているか？
・気候変動の緩和、適応、影響軽減に向けた行動を訴求しているか？

　112ページに掲載したフレームワーク全体図の各セルには、紙幅の関係上、代表的な質問しか載せていませんが、それぞれのセルには複数の問いが設けられています。120ページ〜139ページまでで、フレームワークを1つ1つのセルに分解し、それぞれについて紹介しています。セルの中にあるすべての問いも、そちらのページに掲載しています。

　こうしたセル中の問いは、マーケティングをはじめ自社ビジネスのあり方を、社会課題の観点──つまり、**今これからの消費者ニーズから振り返るために有効**です。いわば「気づきの問い」です。上記の「気づきの問い」に対して、自社はどんな風に答えられるでしょうか。1つ1つの質問に「YES」と答えるためには、どんな手法が考えられるでしょうか。想像してみてください。そしてアイデアが思い浮かんだら、きっとすぐにでも実践したくなることでしょう。

使い方はアイデア次第

　また、すべての人が平等に使えるような商品づくりを目標にして、「Product」（商品）の軸と「People」（人間）の軸が交わるセルの問いに「YES」と答えられるような商品開発を進めるなど、セルのほうから逆引きして使うことも可能です。想像力と心を駆使して、ぜひあなたなりの使い方を考えてみてください。

　次のページからはSDGs Marketing Matrixそれぞれのセルを1つずつ見ていきます。**それぞれのセルの中に設けられた「問い」と、そのセルに当てはまる事例もあわせて紹介**しています。つまり、それぞれのセルにある「問い」に「YES」と答えられるような施策をしていると、筆者が判断した事例です。該当セルのチェック項目に「YES」と答えられても、別のセルのチェック項目にはYESと答えられない、そんな事例もあるでしょう。地球の資源を使い、何らかの廃棄物が生じる以上、100％完璧に持続可能な地球の創造に貢献できるビジネスなど、存在し得ないのですから。それでも、よりよい世界の実現に貢献しようという目標を持ち、実際にビジネスとしてアクションを起こしている事例であることには間違いありません。

　世界にはこんなに、ビジネスで社会課題を解決している企業があるのです。自社ならどんな施策をするだろう。そんな風に想像しながら眺めてみるのも素敵です。あなた自身が新しい行動を起こすために、ぜひ活用してください。

SDGs marketing matrixのモデル図

	A: People	B: Planet	C: Peace	D: Prosperity	E: Partnership
1: Product	1A	1B	1C	1D	1E
2: Price	2A	2B	2C	2D	2E
3: Placement	3A	3B	3C	3D	3E
4: Promotion	4A	4B	4C	4D	4E
Purpose					

筆者が考案した新しいマーケティングフレームワークは、使いやすさも特徴の1つ

人を犠牲にしない製品づくり

マトリクス

人の格差を解消するビジネス

1A

Product
（商品・サービス）　　　✕　　　People
（人間）

1A	1B	1C	1D	1E
2A	2B	2C	2D	2E
3A	3B	3C	3D	3E
4A	4B	4C	4D	4E
Purpose				

問い

☑ 生産において生産者の搾取や犠牲のうえに成り立っていないか？

☑ 児童労働によって生産された商品ではないか？

☑ 従業員を公平な賃金で雇用しているか？

☑ 人種、性差などによる差別のない職業訓練や技術教育を支援できているか？

事例

作り手と使い手が健康的に結ばれたものづくり
SALASUSU

　SALASUSUはバッグやストールなどを製造、販売するライフスタイルブランドです。カンボジアに工房を構え、経済的に困難な背景をもつ現地の女性たちを積極的に採用し、職人として育成することで自立を支援。地元の素材も活用し、ハンドメイドで製品を生産しています。また育児所も設け、従業員の子どもたちの教育も実施。工房視察ツアーなど顧客と直接コミュニケーションできる取り組みなどを通じて、より深い理解と共感を生み出しています。

カンボジア製のSALASUSU製品

資源に配慮した製品づくり

マトリクス

環境問題を解決するビジネス

1B

1A	**1B**	1C	1D	1E
2A	2B	2C	2D	2E
3A	3B	3C	3D	3E
4A	4B	4C	4D	4E

Purpose

Product（商品・サービス）×　Planet（地球）

問い

- ☑ 原材料調達において環境に負荷をかけていないか？
- ☑ 自然資本や資源を過度に使用して商品をつくっていないか？
- ☑ 利用資源の削減に配慮しているか？
- ☑ エネルギー効率や再エネを活用して生産しているか？
- ☑ 商品は土壌汚染や海洋汚染に影響を与えていないか？

事例

人にも地球にも豊かな「食」の創出
パタゴニアの「パタゴニア プロビジョンズ」

パタゴニアの食品事業。同社が掲げる「私たちは、故郷である地球を救うためにビジネスを営む。」という志のもと、壊れた食の流れを修復し環境を再生することを目指しています。気候変動、土壌再生、責任ある農業生産、動物福祉の実現につながり、環境、経済、社会に包括的かつ統合的に影響を与え得るビジネスです。消費者にとっては、こうした企業姿勢と商品そのものの力の双方から、身体も心も豊かになる商品と受け止められています。

オーガニックや責任ある方法で供給された原料を使用した食品「パタゴニア プロビジョンズ」の商品

写真提供：Taro Terasawa©2020 Patagonia, Inc.

平和を実現する製品づくり

平和を阻害しないビジネス

1C

Product （商品・サービス）	X	Peace （平和）

1A	1B	**1C**	1D	1E
2A	2B	2C	2D	2E
3A	3B	3C	3D	3E
4A	4B	4C	4D	4E
Purpose				

問い

- ☑ ものづくりやサービスは平和に貢献しているか？
- ☑ 平和を阻害する調達とパートナーを使っていないか？
- ☑ 天然資源の持続可能な管理と効率的な利用を達成することで、戦争や紛争リスクを減らしているか？
- ☑ 原材料は紛争の要因になっていないか？

事例

暴力と闘う腕時計
トリワの「TRIWA X HUMANIUM METAL」

腕時計を主力商品とするスウェーデンのメーカー、トリワの「TRIWA X HUMANIUM METAL」シリーズは、違法銃器を溶かし、不純物を取り除いて再精製した金属からつくられた腕時計。売り上げの一部は、武器によって負傷した被害者の救済や、紛争によってダメージを受けた地域の復興のための寄付となります。同社の平和に対する想いが表れた「Time for Peace」をキーワードに掲げ、暴力や貧困と闘うための商品なのです。

TRIWA X HUMANIUM METALシリーズ
参考：https://www.nordicfeeling.jp/

心豊かな製品づくり

マトリクス

心の豊かさを育むビジネス

1D

Product （商品・サービス）	×	Prosperity （豊かさ）

1A	1B	1C	**1D**	1E
2A	2B	2C	2D	2E
3A	3B	3C	3D	3E
4A	4B	4C	4D	4E

Purpose

問い

- ☑ 物質的な豊かさだけでなく、心の豊かさを育む商品になっているか？
- ☑ 若者や障害者を含むすべての人びとが、生産的な雇用と働きがいのある人間らしい仕事をしているか？
- ☑ 生産過程において同一労働同一賃金を達成することに配慮しているか？

事例

CO₂排出量がわかるカード
DoconomyAB.の「DO」

　スウェーデンのフィンテック企業、Doconomyが発行した、ユニークなクレジットカード。購入した商品やサービスから排出されるCO_2を自動計測し、アプリを通じて利用者に表示する仕組みがあるのです。プレミアム版のカードには、CO_2排出量によって利用が制限される機能も。モノの豊かさに貢献したこれまでの資本主義経済のあり方を問うような発想が、かえって心の豊かさを醸成し、消費者から受け入れられています。

クレジットカード「DO」

パートナーと共創する製品づくり

マトリクス

共創・協働するビジネス

1E

Product (商品・サービス)	✕	Partnership (パートナーシップ)

1A	1B	1C	1D	**1E**
2A	2B	2C	2D	2E
3A	3B	3C	3D	3E
4A	4B	4C	4D	4E
		Purpose		

問い

☑ 公正なパートナーとの共創を行っているか？

☑ 製品やサービスは専門的な知見や知識および技術と連携し、持続可能な
発展のためのグローバルパートナーシップを強化しているか？

☑ 製品は科学的な探求とイノベーションを創発することにつながっているか？

事例

服から服をつくる
日本環境設計の「BRING Material」

石油由来のポリエステル製の衣料品
から、ポリエステル繊維を溶かし出して
精製し、再びポリエステルを製造する
技術開発に成功した日本環境設計株
式会社。その一ブランドである「BRING
Material」は再生ポリエステルの技術を
活用し、回収した古着から新しい服を
つくって販売する循環の仕組みを構築
しました。さまざまな資源を持つパート
ナーと共創してサプライチェーンを築き
あげ、一度はごみとなった衣類に、新
しい命を吹き込んでいます。

BRING Materialの再生ポリエステルTシャツ

平等な権利を守る価格設定

マトリクス

人の格差を解消するビジネス

2A

| Price (価格) | ✕ | People (人間) |

1A	1B	1C	1D	1E
2A	2B	2C	2D	2E
3A	3B	3C	3D	3E
4A	4B	4C	4D	4E

Purpose

問い

☑ 仕入先を犠牲にする価格設定になっていないか？
☑ 正当な価値評価から適正な価格を守り、不当な低額になっていないか？
☑ 不平等な雇用により格差を生み出す価格になっていないか？
☑ 経済的に平等な権利を持つことに配慮して価格設定しているか？

事例

援助ではなく取引で生産者に笑顔を
自然派化粧品ブランド THE BODY SHOP

　植物由来の製品で知られるイギリス発のTHE BODY SHOPは、世界の貧困地域の経済的自立を「援助ではなく"取引"で」実現しています。それが、支援を必要とする地域（コミュニティ）から、対等なビジネスパートナーとして公正な価格でシアバター、ココナッツ、オリーブなどの原料や雑貨を取引するコミュニティフェアトレード。現在の取引先は20か国以上にも。また生産コミュニティを育成するための活動にも取り組み、生産者の生活向上につながっています。

THE BODY SHOPのボディケア製品

地球環境に負荷をかけない
価格設定

マトリクス

環境問題を解決するビジネス

1A	1B	1C	1D	1E
2A	**2B**	2C	2D	2E
3A	3B	3C	3D	3E
4A	4B	4C	4D	4E
Purpose				

2B

Price（価格） × Planet（地球）

問い

- ☑ 自然環境に対してフェアな仕入れに立脚した価格となっているか?
- ☑ 不当に安くすることで環境負荷をかけていないか?
- ☑ 安くするために不法伐採や密猟による生態系や自然の破壊を引き起こしていないか?
- ☑ 地球環境復元や保全に寄与する価格の工夫に努力しているか?

事例

海洋プラスチックがファッショナブルに変身
アディダスの「PRIMEBLUE」

アディダスが海洋環境保護団体、Parley for the Oceansと共創したシューズとウェアのコレクション。「未来の海を紡ぎ出すアップサイクルプロダクト」をキャッチコピーに、海岸や海沿いの地域で回収した廃棄プラスチックをリサイクルし、素材の75%以上に活用しています。さらに、エネルギーと水の消費量を軽減するプリント工程を採り入れて製造。高めの価格設定ながら、健康志向で環境意識も高いアスリートの共感を得ています。

アディダスの「PRIMEBLUE」

平和を促進するための価格設定

マトリクス

平和を阻害しないビジネス

2C

Price (価格)	✕	Peace (平和)

1A	1B	1C	1D	1E
2A	2B	**2C**	2D	2E
3A	3B	3C	3D	3E
4A	4B	4C	4D	4E
Purpose				

問い

- ☑ 平和な産業構造を促進するための資金が価格に入っているか？
- ☑ 安価な価格を得るための資源搾取や低賃金による情勢不安を引き起こし、紛争の原因となっていないか？
- ☑ 包摂的な金融社会の実現に向けて、多様な購入方法を採り入れているか？
- ☑ 国際取引における資金流動の透明性を担保できているか？

事例　紛争レアメタルを使わないスマートフォン
FAIRPHONE

　精密な電子機器の素材となるレアメタルなどの鉱物の中には、紛争の資金源になるものも。スマホの普及による格安競争から、そうした紛争鉱物や、劣悪な環境での不当な児童労働によって製造される製品が出回るようになっているのです。オランダのFAIRPHONEはその解決策として、エシカルなスマホを製造しています。紛争鉱物を利用せず、素材の1つであるコバルトはフェアトレード、またすべての鉱物産出地と製造業者を公開しています。

FAIRPHONEのスマートフォン
画像出典：https://www.fairphone.com

豊かさに貢献する価格設定

マトリクス

心の豊かさを育むビジネス

2D

Price
（価格）

✕

Prosperity
（平和）

1A	1B	1C	1D	1E
2A	2B	2C	**2D**	2E
3A	3B	3C	3D	3E
4A	4B	4C	4D	4E
Purpose				

問い

☑ 顧客や取引先が豊かな生活を得ることが可能な提供価格になっているか？

☑ 不当に自社だけの豊かさを追求した価格と利益確保になっていないか？

☑ その価格は関係者と地域の幸せに貢献できているか？

☑ 短期的な利益だけでなく、長期的な安定と安心を実現する価格設定になっているか？

事例

透明な価格で豊かさを創出
Everlane

シンプルで上質な衣類とファッション雑貨を販売する、アメリカ発のオンラインブランド「Everlane」。原料の調達から、契約工場の賃金や労働環境にまで貫かれた、エシカルへのこだわりでも共感を呼んでいます。しかし最大の特徴は、「徹底した透明性」。消費者の知る権利を尊重し、各商品の材料費から人件費、輸送費まで、原価を開示しているのです。結果として各工程それぞれにおいての適正価格が実現し、関わる人すべての豊かさにつながっています。

Everlaneのファッションアイテム
写真提供：Everlane

パートナーも共に
公正な対価を得る価格設定

マトリクス

共創・協働するビジネス

2E

Price（価格）	×	Partnership（パートナーシップ）

1A	1B	1C	1D	1E
2A	2B	2C	2D	**2E**
3A	3B	3C	3D	3E
4A	4B	4C	4D	4E

Purpose

問い

☑ パートナーと公平なWIN＝WINの価格設定になっているか？
☑ 事業に関わるすべてのパートナーの持続的な幸せに貢献できるような価格になっているか？
☑ 顧客に価格の妥当性と共感性を訴求できているか？
☑ 持続可能な生産・消費に配慮した価格設定か？

事例

適正価格で職人の手による「本物」を提供
ライフスタイルアクセントの「Factelier」

メイドインジャパンの工場と直結提携したファッションブランド。これまで黒子だった工場をブランドとして認識し、商品タグに工場名を記載。また、提携工場が自らの希望価格を提示できることも特長です。従来の流通構造のように販売価格からコストを算出し工場が下請けするのではなく、工場が主体となって製品をつくりそれから価格を決めるため、つくり手にはしっかりと利益が残り、その分品質にこだわった生産が持続的に可能になっています。

Factelierのビジネスシャツ

人に負担のない 流通の仕組みづくり

人の格差を解消するビジネス

3A

Placement
(流通)

×

People
(人間Ⅱ)

1A	1B	1C	1D	1E
2A	2B	2C	2D	2E
3A	3B	3C	3D	3E
4A	4B	4C	4D	4E
Purpose				

問い

- ☑ 消費者の利便性や自社の利益を優先し、流通に関わる企業や人に過剰な労働負荷をかけていないか?
- ☑ 劣悪な職場環境や不当な賃金での労働を強いていないか?
- ☑ 倫理的な販売教育や環境に関する研修等を採り入れているか?
- ☑ 一部の富裕層だけが購入できる販売方法となっていないか?
- ☑ デジタルデバイドにも配慮した購入方法を導入しているか?
- ☑ 視覚、聴覚弱者などに配慮したユニバーサルデザインを採用しているか?

事例

常識を覆す発想のコンビニ
セコマグループの「セイコーマート」

北海道を拠点とするコンビニ・チェーン。店内にキッチンを備え、カツ丼などのメニューを調理したての温かいままで提供するなど、業界の常識を覆す発想が注目されています。原料の生産、物流、小売りまでを自分たちで担うサプライチェーン構築もそうした取り組みの1つ。24時間営業ではない店舗も多く、そうしたことが従業員の働きやすさにもつながっています。また地域の防災物流拠点としての役割も担っています。

セイコーマートのコンビニ店舗

環境に負荷をかけない
流通の仕組みづくり

マトリクス

環境問題を解決するビジネス

3B

Placement　✕　Planet
（流通）　　　　　（地球）

1A	1B	1C	1D	1E
2A	2B	2C	2D	2E
3A	**3B**	3C	3D	3E
4A	4B	4C	4D	4E
Purpose				

問い

- ☑ 自社の流通は環境に負荷をかけていないか？
- ☑ 販売において過剰な梱包や包装によりゴミを増加させていないか？
- ☑ 環境や人の健康への悪影響を最小限にとどめるため、化学物質や廃棄物の削減に配慮した流通になっているか？
- ☑ 流通における水使用やエネルギーの効率化（CO_2削減）を徹底しているか？
- ☑ トレーサビリティを確保する流通システムとなっているか？

事例　サプライヤーと気候変動対策を共創するスーパー
ウォルマートの「Project Gigaton」

アメリカ発の大手スーパーマーケットチェーン、ウォルマートは、いち早くサステナビリティー活動に取り組んだ企業でもあるのです。Project Gigatonもそうした活動の1つ。これは2030年までに、自社サプライチェーンから排出される温室効果ガスの、1ギガトン（年間約2億台の自動車の排気ガス相当）削減を目指すプロジェクトです。2018年には参加企業が400社以上に。各社にそのノウハウも提供し、サプライチェーン全体で共創しています。

アメリカ発の大手スーパーマーケット、ウォルマート
写真提供：Ryoko Koike

地域の文化を尊重する
流通の仕組みづくり

平和を阻害しないビジネス

3C

Placement		Peace
（流通）	✕	（平和）

1A	1B	1C	1D	1E
2A	2B	2C	2D	2E
3A	3B	3C	3D	3E
4A	4B	4C	4D	4E
		Purpose		

問い

- ☑ 希少な鉱物資源（レアメタル）や宝石等の資源の調達や輸入を通じて、紛争に加担していないか？
- ☑ 流通過程において先住民を含む地域コミュニティーの生活や文化の破壊が生じていないか？
- ☑ 販売を通じて戦争・紛争に加担したり、難民に悪影響をおよぼす商品を扱っていないか？

事例
紛争地域の復興に力を与える香水
The 7 Virtues Beautyの「平和のパフューム」

「Make perfume, not War」（戦争ではなく香水をつくろう）をキャッチコピーに掲げるカナダの香水メーカー。アフガニスタン、ハイチ、ルワンダなど、戦争や紛争のあった地域で収穫された原材料を公正な価格で購入し貿易することを通して、地域の再建を後押ししています。動物由来の原料を一切使用しない、いわゆるビーガン製品で、動物実験も実施していません。ボトルのデザインの美しさも手伝って、ミレニアル世代を中心に支持されいます。

The 7 Virtues BeautyのWebサイト
画像出典：https://www.the7virtues.com

パートナーの豊かな生活を
生み出す流通の仕組み

マトリクス

共創・協働するビジネス

3D

| Placement （流通） | × | Prosperity （豊かさ） |

1A	1B	1C	1D	1E
2A	2B	2C	2D	2E
3A	3B	3C	**3D**	3E
4A	4B	4C	4D	4E
		Purpose		

問い

- ☑ 自社のサプライチェーンに携わるパートナーが豊かな生活を得ることができているか？
- ☑ 地域コミュニティーや地域経済の発展に寄与する流通拠点となっているか？
- ☑ フェアトレードのような公平な格差是正と同時に、安定した仕入れを確保できる自立支援や農業支援を行っているか？

事例

女性の自立支援でビジネスも成功
ユニリーバの「Shakti」

世界的な日用品・食品メーカー、ユニリーバは、社会課題をビジネスで解決する先駆者的な存在でもあります。インドから始まったプロジェクト「Shakti」（シャクティ）はその好例。これは流通網のない農村部の女性を職業教育し、衛生製品などの販売を委託する仕組みです。コミュニティの衛生向上や女性の自立につながると同時に、流通網を広げ事業としても成功。同社は現在、インドでのシェア1位の消費財メーカーです。

ユニリーバの製品を委託販売するインドの女性たち

パートナーと共創できる
流通の仕組みづくり

マトリクス

共創・協働するビジネス

3E

Placement （流通）	✕	Partnership （パートナーシップ）

1A	1B	1C	1D	1E
2A	2B	2C	2D	2E
3A	3B	3C	3D	**3E**
4A	4B	4C	4D	4E
Purpose				

問い

☑ 商品販売を通じて、生産地と消費地である都市生活者をつなぐ仕組みができているか？

☑ サプライチェーンの各パートナーは事業目標に賛同し、同様な取り組みを行っているか？

☑ パートナーに対してガイドラインを設け、定期的に監査しているか？

☑ 環境負荷を減らすために共同配送や共同倉庫の利用など、効率的なパートナーシップを推進しているか？

事例 **世界的ファストフード店も太鼓判を押す「肉」？**
ビヨンド・ミートの「ベジミート」

ビヨンド・ミートはアメリカ発の植物製代替肉メーカー。世界中で増加している動物性食材を摂らない習慣への対応だけでなく、健康、気候変動対応、天然資源の節約、動物愛護という世界共通の社会課題を、ビジネスで解決しようとしています。この理念に賛同し、同社をサプライヤーとする企業も増加。ホールフーズ・マーケットなどのスーパーマーケットをはじめ、アメリカのケンタッキーフライドチキン、カナダのマクドナルドなどでも提供されています。

ビヨンド・ミートの「BEYOND BURGER™」
写真提供：Beyond Meat®

共感性の高い
コミュニケーションの創造

人の格差を解消するビジネス

4A

| Promotion
（販売促進） | × | People
（人間） |

1A	1B	1C	1D	1E
2A	2B	2C	2D	2E
3A	3B	3C	3D	3E
4A	4B	4C	4D	4E

Purpose

問い

- ☑ 世界および国内の貧困や飢餓をなくすためのコミュニケーションを実施しているか？
- ☑ ジェンダーの不平等を解消するコミュニケーションになっているか？
- ☑ 広告やプロモーションにおいて、さまざまな弱者への配慮を意識したクリエイティブを採用しているか？
- ☑ 誰もが幸せと感じるキャンペーンを目指しているか？

事例

ルーツを知る旅に出よう！
モモンドの「The DNA Journey」

The DNA Journeyは、デンマークの旅行検索サイトmomondo（モモンド）が2016年に行った動画のプロモーション。さまざまな生活者をDNA検査し、そのルーツをたどりました。はるか遠い国、自国と敵対していた歴史を持つ国などに、実は自分のルーツがあったことを知り驚く様子を動画で配信。視聴者の共感を呼びました。国や人種、宗教などで分断される世界に警鐘を鳴らし、印象だけで行き先を選ばずいろいろな場所へ旅してみたい、との思いを多くの人に喚起することに成功しました。

モモンドの動画プロモーション「The DNA Journey」の一幕

地球にやさしい
コミュニケーションの創造

マトリクス

環境問題を解決するビジネス

4B

Promotion
（販売促進）

✕

Planet
（地球）

1A	1B	1C	1D	1E
2A	2B	2C	2D	2E
3A	3B	3C	3D	3E
4A	**4B**	4C	4D	4E
Purpose

問い

- ☑ パッケージや広告が資源の無駄につながっていないか？
- ☑ 環境保全のためのコミュニケーションを行っているか？
- ☑ 広告やプロモーションを通じて、小売や消費レベルにおける食料廃棄や衣料廃棄を半減させることを促進できているか？
- ☑ 気候変動対策の緩和、適応、影響軽減に向けた行動を訴求しているか？
- ☑ 生物多様性の消失を防ぐプロモーションに配慮しているか？

事例

世界最小のマクドナルド
マクドナルド・スウェーデンの「McHive」

2018年、スウェーデンに世界最小のマクドナルド店舗「McHive」が完成しました。店頭のポスターはもちろん、ドライブスルーまで完備。その顧客、実はミツバチなのです。世界中の全農作物の4分の3は、ミツバチをはじめとする生物によって受粉されています。気候変動の影響などからそのミツバチが激減、このままいくと食糧危機を迎える危険性も指摘されているのです。こうした問題に警鐘を鳴らすプロモーションとして、世界中から注目されました。

マクドナルドのミツバチ用店舗「McHive」

画像出典：YouTube「McHive – the world's smallest McDonald's」より

差別や争いのない
コミュニケーションの創造

マトリクス

平和を阻害しないビジネス

4C

| Promotion
（販売促進） | ✕ | Peace
（平和） |

1A	1B	1C	1D	1E
2A	2B	2C	2D	2E
3A	3B	3C	3D	3E
4A	4B	**4C**	4D	4E

Purpose

問い

- ☑ インクルーシブな要素をコミュニケーションに採り入れているか？
- ☑ 紛争解決や平和活動を促進、貢献するコミュニケーションを行っているか？
- ☑ 不正取引を防ぐ広報や、法令遵守を伝えるコミュニケーションとなっているか？
- ☑ 資金圧力による強引な宣伝活動になっていないか？

事例

広告は、まやかしの幸福を描くべからず
ベネトンの広告エディトリアル

　1980年代末からのベネトンの広告には、差別や紛争などの社会問題をテーマにした写真が数多く使用されました。UNHCR（国連難民高等弁務官事務所）と共創した反戦・難民救済キャンペーンでは、ボスニア紛争で戦死した兵士の血染めの軍服がクローズアップされたことも。「広告はまやかしの幸福を描くのではなく、企業の社会的姿勢を示すもの」とする広告ディレクターの信念に賛同することを通して、自社のパーパスを訴求しています。

ボスニア紛争で戦死した兵士の軍服を取り上げた1994年のベネトンの広告

Copyright Benetton Group srl
写真：Oliviero Toscani - Spring Summer 1994

心豊かな
コミュニケーションの創造

1A	1B	1C	1D	1E
2A	2B	2C	2D	2E
3A	3B	3C	3D	3E
4A	4B	4C	**4D**	4E
		Purpose		

マトリクス

心の豊かさを育むビジネス

4D

Promotion
（販売促進）

✕

Prosperity
（豊かさ）

問い

☑ 物質的な豊かさの訴求だけでなく、心の豊かな社会を築くことを訴求できているか?

☑ 顧客だけでなく、その家族や地域住民が幸せを実感できるプロモーションになっているか?

☑ 廃棄物の発生を防いだり、大幅に削減するためのメッセージを発信しているか?

☑ 顧客が、自然と調和したライフスタイルに関する情報と意識を持つための啓発につながっているか?

事例

顧客と一緒に東北、そして日本の若者を応援
スターバックスの「ハミングバード プログラム」

東日本大震災を受けて2012年に始まったプログラム。指定期間中に、プログラムの対象となるスターバックス カードで購入された商品代金の1%や新規発行時の100円が、同震災で親を亡くした子どもたちの進学を支援する団体に寄付されてきました。震災の年に生まれた子どもが最長で6年制の大学を卒業するまでの支援を目標とする同団体に加え、2020年からは相対的貧困の子どもたちの支援のためにも寄付されます。

ハミングバードプログラムの2020年スターバックス カード。2020年から環境にも配慮した紙製に

パートナーと共創する
コミュニケーションの創造

マトリクス

共創・協働するビジネス

4E

| Promotion（販売促進） | × | Partnership（パートナーシップ） |

1A	1B	1C	1D	1E
2A	2B	2C	2D	2E
3A	3B	3C	3D	3E
4A	4B	4C	4D	**4E**

Purpose

問い

☑ 社会課題解決に向けて非営利組織、NGO、NPO、大学研究機関、自治体との協働を進めているか？

☑ 単独のプロモーションではなく、顧客を含むパートナーとの共創を実行できているか？

☑ 顧客とのエンゲージメントを強化するパートナーシップにより、持続可能な社会を目指しているか？

事例

顧客と一緒に地域を応援
アメリカン・エキスプレスの「Small Business Saturday」

2010年から始まったキャンペーン。同社の本拠地アメリカで、1年で最も消費活動が活発になるとされるブラックフライデーの翌日に、地域にある中小規模の店舗や個人商店で買い物することを提案するもの。いわば「小規模ビジネスを応援する土曜日」です。目的は地域の活性化への貢献。このキャンペーンの成功により、現在アメリカで「Small Business Saturday」は、国民の日となっています。同社の加盟店や顧客などと共創しながら、年々盛況さを増しています。

アメリカン・エキスプレスのWebサイトでは「Small Business Saturday」への取り組みが解説されている
画像出典：https://www.americanexpress.com/ より

排出したCO_2を取り戻すには？

日本航空のカーボンオフセット・プログラムで森林を保全
写真提供：小国町、小国町森林組合

　自分の行動が、どれだけ地球に影響しているのか、意識してみたことはありますか？ たとえば地球温暖化ガスの1つであるCO_2。仮に東京から大阪まで、飛行機のエコノミークラスで出張へ出かけたとすると、片道だけで1人につき100kgのCO_2を排出してしまうのです。これはスギの木約7本が1年間に吸収するCO_2量に相当します。札幌までなら130kg、アメリカのロサンゼルスだったら1,300kgにものぼります。

　どんなに心がけていても、日常生活の中でどうしても出てしまうCO_2。それを還元できる機会があるのです。カーボンオフセットと呼ばれる仕組みがそれ。カーボン（CO_2）をオフセット（打ち消す）する。つまり、排出した分のCO_2を埋め合わせする、という考え方です。

　世界40社ほどの航空会社もそうしたプログラムをつくり、乗客に提供しています。日本航空の場合は、Webサイトで自分が乗った航路から、自分自身のCO_2排出量を自動計算し、カーボンオフセット・プログラムに申し込むことができます。阿蘇山の裾野にある森林の間伐推進、あるいはオランウータンが棲むボルネオ島の森の破壊防止活動。そのどちらかを選んで、自分が排出したのと同量のCO_2を吸収できる森になるために必要な資金を、クレジット決済で投資できるのです。次回の出張の際には、排出したCO_2を埋め合わせてみてはいかがでしょうか。

Chapter

05

事例に学ぶ
SDGs×ビジネス

SDGs×ビジネスの
取り組みを知ろう

　第5章では、SDGsが目指す社会の実現につながるようなビジネス事例を紹介します。確固たるパーパスを持ち、ビジネスの力で社会課題の解決を試みている——筆者がマーケティングの観点から考察し、そう判断した事例を選びました。組織や事業規模の大小に関わらず、社会的インパクトがあると認められるビジネスばかりです。読者の皆さんにとって有用であることを願い、日本の企業、あるいは日本法人の取り組みを取り上げています。地球や社会に対して100%清らかな事業など、おそらくこの世にないでしょう。それでも一歩を踏み出すことの大切さを、感じていただけるに違いありません。

事例ページの構成と読み方

❶事例概要

　取り上げた事例の概要を紹介しています。どんな社会課題をどのように解決しようとしているのか、ビジネスアイデアのヒントが隠れているはずです。

❷マトリクスの該当セル

　筆者が開発し、本書112ページに掲載した新しいマーケティングフレームワーク「SDGs Marketing Matrix」の全20セルの中から、その事例に当てはまるセルの番号を記載しました。120～139ページに掲載した、それぞれのセルの説明と見比べながら読むと、いっそう理解が深まるはずです。

❸この事例に関連するターゲット

　169のSDGsターゲットの中から、筆者がその事例に当てはまると考えたものを、ビジネスの流れに沿ってマッピングし、筆者の考察により図解しています。この図を見れば、SDGsの包括性、包摂性、そして17のゴールと169のターゲットの相互関連性を実感できることでしょう。

❹ビジネスへの影響

　その事例が、地域や社会全体の経済活動や、経済循環の仕組みに与える影響について筆者が考察しています。資金の面からだけでなく、雇用や資源などの面からも、その事業が持つ影響力を観察し、事例によっては将来の展望にも触れています。

❺社会・環境への影響

　その事例の社会的意義と、自然環境の維持や保全に与える価値について筆者が考察しています。社会課題の解決につながるアイディアが、結果的に1つの課題の解決にとどまらず、社会や環境に対してポジティブな連鎖を生み出すことを感じられることでしょう。

❻VOICE ／ CHECK

　VOICEではその事例の担当者の声、CHECKでは筆者によるSDGs観点でのポイント解説を掲載しています。

共感、共創を生み出す EC

ANA X 株式会社

画像提供：Ikunori Yamamoto

ANA Xが運営するANAマイレージクラブ会員向けのECサイト「ANA STORE」のコンテンツで展開している「ANA Social Goods」では、「生産者の思い＋社会的な価値／意義＋環境や倫理への配慮」を商品選定基準とし、購入することにより心が豊かになる商品を提供しています。

この事例のマトリクス

1B / 1D

この事例に関連するSDGsターゲット

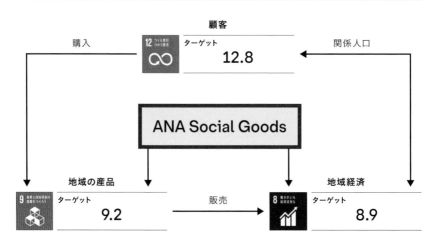

ビジネスへの影響

　ANA Xの理念「お客様との共創により、世界の人々と社会を豊かにします。」の実現のために「ANA Social Goods」は、地方で環境に配慮し倫理的な生産を行っている生産者と、ANAマイレージクラブ会員とをつなげるプラットフォームになっています。有名な名産品とは異なり、その素晴らしさを知る機会の少ない地域の商品を開拓し、ECサイトを通じてその商品を伝え購入してもらうことで、地域や環境問題を会員とともに解決することが可能になるのです。ロイヤルティの高い会員に支持され、全体の中でも一定のシェアを占めるようになり、競合するモールとの大きな差別化にもつながっています。

社会・環境への影響

　ANA Social Goodsで販売しているのは、地域や環境問題を解決している商品ばかりです。しかしこれまではマーケティング力がないことから、小規模な事業にとどまっていました。そうした商品を開拓しANAマイレージクラブ会員に販売することで、生産者をビジネスの面で支援でき、継続的によりよい商品づくりが可能になるという好循環を生み出しています。このようなコンセプトに共感した会員を起点に、口コミによっても広がっていきます。売り上げが大きくなるほど、地域課題の解決につながる仕組みが実現したのです。地域課題の解決は重要な社会課題の1つです。継続的な地域活性化支援を可能にするには、ビジネスとしての循環が重要なのです。

これからの豊かさを、あなたと

上記はANA Xのスローガンで、よりよい世の中の共創こそが、これからの豊かさになると考えます。「ANA Social Goods」は、単に売れればよいということではなく、その商品をANAマイレージクラブ会員が買うことで得られる心の充足感やよりよいお金の循環につながってほしい、との思いで取り組んでいます。

ANA X株式会社
ライフスタイルサービスグループダイレクター
平山剛生さん

サステナビリティーを極めた
ゲストハウス

Earthship MIMA

この事例のマトリクス

1B

「Earthship」は、1970年代からアメリカ人建築家マイケル・レイノルズを中心に展開されている公共のインフラを必要としない建物。古タイヤや空きビン、空き缶などを建材として使用し、室内で使用する水はすべて雨水を再利用する、まさにSDGs建築と呼ぶべき建物です。その日本初となるここは、クラウドファンディングで資金調達し、有志によるワークショップ形式で建設されました。

この事例に関連するSDGsターゲット

地域コミュニティー

都市コミュニティー

12 つくる責任 つかう責任	ターゲット 12.5
6 安全な水とトイレを世界中に	ターゲット 6.4
7 エネルギーをみんなにそしてクリーンに	ターゲット 7.2

13 気候変動に具体的な対策 ターゲット 13.1

11 住み続けられるまちづくりを ターゲット 11.a

都市生活者

交流

教育

4 質の高い教育をみんなに ターゲット 4.7

Earthship MIMA

ビジネスへの影響

　1人の女性の、「サステナブルな拠点を創りたい」との想いが形になった建物。資源循環のシステムを導入し、公共のインフラを使用していないにも関わらず、都市部と同様の快適な生活を実現しています。太陽光発電のよるエネルギーを自動車のバッテリーに蓄電して使用、風呂やキッチンに使う湯は太陽温水器を活用しています。また建築資材となった古タイヤなどは、蓄熱と放熱効果を備えた特性から、室内をほぼ21℃で一定に保つ効果にもつながっています。

　グランピングの流行をはじめ「上質なエコ」ニーズの高まりから、企業の市場視察や学習体験ツアーなどを通した収益性が見込まれ、地域経済に大きなインパクトをもたらしています。

社会・環境への影響

　滞在型ワークショップにより、多くの一般市民を巻き込みながら展開された建築プロジェクト。参加者約70人のうち、約半数が海外からの有志でした。新しいグローバルパートナーシップのあり方としても注目されています。その結果として徳島県の中山間地域に完成したシンボリックな建築と宿泊機能は、農村と都市部の関係人口を増加させ、新しいコミュニティーの形成にも一役買っています。サステナブルなエネルギー利用を通した気候変動対策だけでなく、水資源やゴミ廃棄といった課題の解決策ともなっている取り組みです。現在までにEarthshipの建物は世界に約1,500。その数からも、社会が寄せる興味、関心の大きさをうかがい知ることができます。

地球に寄り添って暮らしたい

実は社会課題に向き合っているという思いはほとんどないのです。東日本大震災をきっかけに、自然環境の変化に右往左往しない、地球に寄り添うような暮らしをしたいという単純な思いから現在に至っています。建設の過程すべてが道を探しながら進むような感覚で、そこに喜びや発見がありました。

VOICE

アースシップMIMA
倉科智子 さん

羽毛に100年の命を贈る
サステナブルな仕組み

一般社団法人 Green Down Project

画像提供：URBAN RESEARCH

この事例のマトリクス

1E

布団やコートなどとして使用された後は、ゴミとして焼却されることが多い羽毛製品。その不要になった羽毛製品を回収し、リサイクルし、新商品として活用する資源循環の仕組みづくりと運営に取り組んでいるのが「Green Down Project」です。さまざまな企業や団体と連携しながら、限りある資源、かつ、100年もの間使い続けられる素材としての羽毛の有効活用を目指しています。

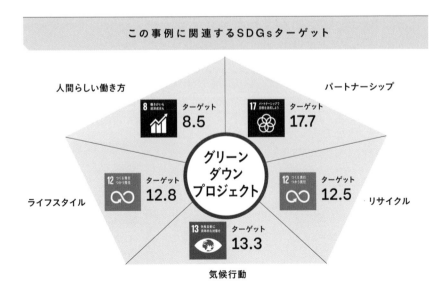

この事例に関連するSDGsターゲット

人間らしい働き方　　　　　　　　　パートナーシップ

8 働きがいも経済成長も　ターゲット **8.5**

17 パートナーシップで目標を達成しよう　ターゲット **17.7**

グリーン
ダウン
プロジェクト

12 つくる責任つかう責任　ターゲット **12.8**

12 つくる責任つかう責任　ターゲット **12.5**

ライフスタイル　　　　　　　　　　　　リサイクル

13 気候変動に具体的な対策を　ターゲット **13.3**

気候行動

ビジネスへの影響

　羽毛の急激な需要増加に応えるため、食肉用の水鳥だけでなく、羽毛採取だけを目的とした水鳥の飼育や、より上質な羽毛生産のために生きたまま採取される例なども途絶えない実情があるのです。こうしたことを背景に水鳥を保護し、コンセプトに共感する企業や団体と協働しつつ、羽毛の再資源化する循環の仕組みを構築しました。また障害者施設を中心に羽毛循環の仕組みを稼働させることで、障害者との共生に向けた雇用も促進。差別のない雇用だけでなく、自立や環境保全にもつながることから働きがいのある労働も実現し、地域経済に貢献しています。エシカルファッションに対するニーズの高まりと共に、アパレル事業としても注目されています。

社会・環境への影響

　不要になった羽毛製品をリサイクルすることによって、これまでゴミとして焼却される際に発生していたCO_2削減も実現させています。また再利用し、素材としての羽毛の寿命が伸長することから、新しく採取される羽毛製品の流通量の削減にもつながっています。水鳥の命を尊重すると同時に、温室効果ガスの削減により気候変動の課題も解決できる仕組みなのです。また、障害者の積極雇用と適正な労働の実現を通して、多様性があり、かつ、働きやすい労働環境も実現しています。発足時からさまざまな企業や団体との共創、共働を前提としたことから、パートナーシップのあり方としても注目に値します。

羽毛で環境にも人にも優しい社会を

羽毛製品が循環資源として当たり前のようにリサイクルされる社会をつくり、また、羽毛のリサイクルを通じて、働きづらさを持った人の仕事づくりをしていきたい。Green Down Projectはそんな環境にも人にも優しい社会づくりを目指していきたいと想っています！ぜひ、不要になった羽毛製品の回収に協力してください。

一般社団法人グリーンダウンプロジェクト
理事長
長井一浩さん

花と緑で雇用の
ダイバーシティーを創造

株式会社 LORANS.

この事例のマトリクス

3D

東京都内に店舗を構える生花店。個人向けのギフト装花からイベント用観葉植物のレンタル、企業の植栽管理まで幅広く展開しています。「社会的役割を基盤としたお花屋さん」（social flower shop）を明言し、さまざまな団体とのパートナーシップを通じて多様な人材が活躍できる社会を目指しています。そうした取り組みの一環として「障がいや難病と向き合う人々」を積極的に採用しています。

この事例に関連するSDGsターゲット

従業員

雇用　　働きがい　　　　　　　協働

8 働きがいも経済成長も　ターゲット **8.5**

10 人や国の不平等をなくそう　ターゲット **10.2**

LORANS　　　提供 →　　企業
　　　　　　← 購入

ビジネスへの影響

　美しさや香り、精神的な豊かさの創造など、花や緑の持つ素晴らしい機能を軸にしながら、「障がいや難病と向き合う人々」の雇用を積極的に行っています。またグループ会社の一般社団法人ローランズプラスでは、一般就職を目指す障がいのある人に対する、花を通じた職業訓練も実施。花や緑に触れることを通じて、誰もが単純作業ではない業務を遂行できる仕組みを構築しています。健常者も障がいのある人も共に成長を目指し、共にやりがいを感じながら活躍できる同社は、花、グリーン業界のみならず、社会の雇用のあり方を変えていく新しいビジネスインパクトを持っています。

社会・環境への影響

　これまでの一般的な障がい者雇用促進の取り組みでは、従業員の負荷軽減とストレス削減の観点から、軽度の作業、および、単純作業を課す例がほとんどでした。株式会社LORANS.は、そうした既成概念とは異なり、障がいと向き合う従業員をプロの一員として認識する視点が大きく異なります。その結果、単純作業ではない業務への取り組みを通じて、従業員の仕事に対する満足度を大きく向上させることを実現。生きがいの醸成にもつながっています。さらに、廃棄される花を活用し、再生紙に変えるプロジェクトも始動。ビジネスを通して、環境問題の解決にも取り組んでいるのです。

VOICE 信頼すべきスタッフと共に

自分だからこそできるフラワーショップとは何だろう？　そう考えてたどりついた答えが「LORANS.」です。障がいや精神疾患の既往歴などを持つスタッフからの自発的かつ個性的な提案に、気づかされることも少なくありません。彼らがイキイキと働く姿から、かえってエネルギーをもらっている毎日です。

株式会社LORANS.
代表
福寿満希 さん

パンダにも人にも地域にも 優しいテーマパーク

---| 株式会社アワーズ |---

この事例のマトリクス

4B

絶滅に瀕する野生動物が急増する今、動物園の意義や機能も変化しています。そうした中で、繁殖が難しいといわれるジャイアントパンダの自然交配に成功し、日本一パンダがいるテーマパークとなっているアドベンチャーワールド。キリンやペンギンなどの繁殖でも実績があります。飼育の専門家だけでなく、すべての従業員に対して配慮ある制度でも注目されています。

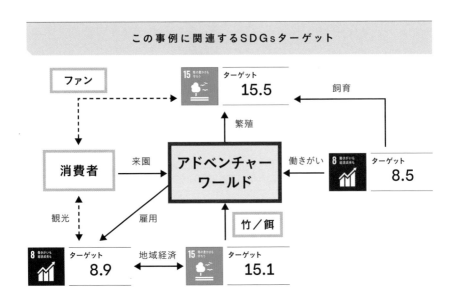

ビジネスへの影響

　年間で約110万人の来園者を数えるようになり、立地する和歌山県白浜町の観光振興において存在感を増しているアドベンチャーワールド。現在6頭ものジャイアントパンダを飼育している同園の存在から、白浜町は「日本一パンダが暮らす町」として知られるようにもなっています。南紀白浜空港や白浜温泉などと共にこの地域の観光産業を支える柱の1つとして、関西圏だけでなく関東圏の旅行者もその魅力を評価。地域雇用、観光産業をはじめ、地域における同園の経済効果も年々大きくなっています。またパンダの餌は同じ関西圏にある大阪府内の荒廃林などから採取された竹を利用。資源の有効活用にもつながっています。

社会・環境への影響

　前述のとおり、荒廃林などの竹をパンダの食用に活用している同園は、そうした取り組みを通して山林の荒廃を防ぐ活動を推進しています。動物保護をテーマに、竹からつくられた紙を使ったワークショップや竹あかりイベントも実施。動物を通して未来の社会を考える機会も提供しています。

　また、すべての人に優しいパークづくりを目的に、障害のある子どもたちとその家族を招待する企画「ドリームナイト・アット・ザ・ズー」を毎年開催。地域の人たちの入園料が無料になる日なども設定し、地域における存在感の強化にも取り組んでいます。同園の成功が示唆するとおり、地域との共生や公平な社会への貢献は、これからのテーマパークの重要な課題となることでしょう。

これからのテーマパークの意義と可能性

多くの野生動物が絶滅危機に瀕する中、民間企業が運営するテーマパークとしてのアドベンチャーワールドの繁殖成功率は、世界から注目されています。その成果は、従業員にとっての働きがいのある労働環境の構築や、地域経済の発展にも貢献しているのです。SDGsの視点から考察すると、これからのテーマパークの意義と可能性が鮮やかに見えてくる事例です。　　　　　　　　　　　　　　　　　（水野雅弘）

地方農家と共創して
安心できる食材を家庭に

オイシックス・ラ・大地株式会社

同社のビジネスモデルは、有機栽培をはじめとする良質な野菜を生産する農家や無添加可能食品のメーカーと契約し、主に定期宅配で家庭に届けるというもの。消費者や社会の食や環境に対する意識が年々高まるにつれてビジネスも成長し、さまざまな食の課題に対応する新商品や新サービスを展開しています。

この事例のマトリクス

1B / 3B

この事例に関連するSDGsターゲット

顧客

3 すべての人に健康と福祉を
ターゲット **3.9**

応援

健康・安心

購入

農家
2 飢餓をゼロに
ターゲット **2.3**

← **オイシックス** →

コミュニティ
11 住み続けられるまちづくりを
ターゲット **11.9**

効率性

生産向上

12 つくる責任つかう責任
ターゲット **12.3**

つながる

食品ロス

ビジネスへの影響

食品に対して、体によいものを適正な価格で購入したいという消費者意識が高まっています。生産者と直接契約し、有機野菜のEC販売からスタートした同社は、スマートフォン利用率の高まりにも背中を押され、順調にビジネスを成長させています。その原動力は、「安心できる食材を一般家庭でも手頃に食べられる未来をつくりたい」というパーパス。不揃い野菜への注目、絶滅危機品種の野菜販売、食品ロスにならない量だけをパックにした商品など、社会課題軸での新商品開発、販売に取り組んでいます。同社の顧客は、自分自身の購入活動がよい社会の循環につながることを理解しており、継続して購入するリピーター率が高いことも特徴です。

社会・環境への影響

農薬は農薬業界の権益でもあり、また農家の作業負荷減少や小売価格の抑制にもつながる存在です。しかしその一方で、人体や環境に与える影響や生産過剰による食品ロス問題などをはらんでもいます。そうした現状から、農薬と食にまつわる社会課題を意識する農家や消費者も増えてきています。無農薬、減農薬の農法に取り組む農家と直接契約することで、彼らの収入の安定化を図り、継続的に良質な野菜作りをしてもらう——そのことを通して同社は、地域の持続可能性と食の安全性、それを食べる顧客の健康を実現しています。生産者、顧客、企業、社会のよい循環を生み出し、持続的に社会課題を解決しています。まさに食を通じた、農家と顧客との共創です。

よりよい食生活を楽しめるように

倫理的な生産工程から野菜を作る農家を守り、国民の健康づくりにも貢献し、日本の食をよりよいものにすることが私たちのパーパスです。このために食をつくる人々が報われ、誇りを持てる仕組みをつくること、そして食べる人とつくる人をつなぐ方法を私たちは進化させ、持続可能な社会をつくります。

オイシックス・ラ・大地株式会社
執行役員
奥谷孝司さん

エコファーで
高野山のふもとから世界へ

┤ 株式会社 岡田織物 ├

この事例のマトリクス

1E

世界的なエシカルファッション市場で成功している、和歌山県は高野山麓にある織物会社。数人の従業員からなる小規模事業者ですが、地域に受け継がれる優れた技術を背景に、上質なエコファー商品を世界的なファッションブランドにも提供しています。同じように地場産業を支えてきた地域の同業者たちと連携し、国境を越えて安定的に供給できる仕組みを構築しています。

この事例に関連するSDGsターゲット

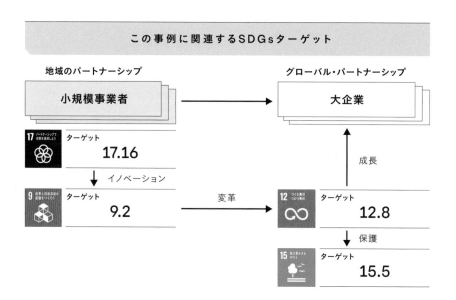

地域のパートナーシップ

小規模事業者

グローバル・パートナーシップ

大企業

| 17 パートナーシップで目標を達成しよう | ターゲット **17.16** |
| イノベーション |
| 9 産業と技術革新の基盤をつくろう | ターゲット **9.2** |

変革

| 12 つくる責任つかう責任 | ターゲット **12.8** |

成長

| 15 陸の豊かさも守ろう | ターゲット **15.5** |

保護

ビジネスへの影響

　絶滅危惧種の増加などを背景にした、動物愛護意識の高まりから毛皮の製造販売をとりやめ、その代わりに人口の毛皮、エコファーを採用するファッションブランドが増えています。天然の毛皮に近い風合いと、毛が抜けにくいなど機能性の高さも備える岡田織物のエコファーは、グッチやプラダなど世界的なハイブランドにも商品を提供しています。流行に左右されがちなファッション素材ですが、他国にはまねのできない高い技術と繊細な感覚によって、顧客であるハイブランドなどと信頼関係を醸成。パートナーである地場の事業者も共に、安定的な収益サイクルをつくることに成功しています。新しい市場開拓により、地域経済に大きく貢献しています。

社会・環境への影響

　コートやバッグなどとして皮革や毛皮が利用されてきた動物の中には、絶滅危惧種に指定されているものが少なくありません。動物愛護意識の高まりからも、世界のファッション業界はエシカルな方向へと舵を切っています。岡田織物のビジネスは、野生動物と生物多様性の保護に貢献。その社会的意義の大きさから共感を得ています。地域の雇用促進が社会課題となっている中で、小規模な同業他社とのパートナーシップを強化しながら、新しい社会的なインパクトを持つ世界市場を獲得。地域の事業者との連携によって技術と文化の維持を実現している同社の事業は、日本のものづくり職人の価値を継承するための1つのモデルケースといえるでしょう。

世界的な影響をもたらす日本のものづくり

SDGsでは、この事例にあるような中小零細企業を平等に扱うべく、ゴールとターゲットを設けています。しかし世界のビジネスに新しいインパクトをもたらす企業は、極めて少ないのが現実です。そうした中で　日本のものづくりの技術を活用し、新しい市場を生み出す可能性が大いにあることを、この成功事例は示しているのです。

（水野雅弘）

持続可能性の強化で
さらに美味しい紅茶を

キリンホールディングス株式会社

この事例のマトリクス
1E / 3D

同社の人気商品、「午後の紅茶」シリーズ。その原材料である紅茶葉の生産地の1つ、スリランカの農園支援に向けた取り組みです。現地の農園が、環境・公正さ・経済的競争力のすべての観点から持続可能な運営ができるように、レインフォレスト・アライアンス認証の取得を支援。このプロジェクトを通して認証を取得した大農園は、87以上にのぼっています。

この事例に関連するSDGsターゲット

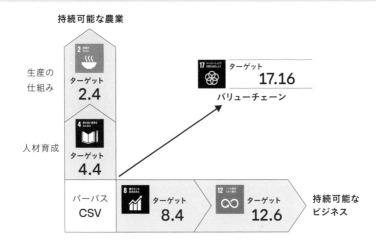

ビジネスへの影響

　グローバル企業である同社は、国際的なサプライチェーンを構築しています。その一角を成す原材料の調達先——スリランカの農園の持続可能性を強化するための取り組みです。責任ある調達の推進により農家の安定した地域経済基盤を確立。それにともなう安定した持続可能な調達を土台として、サプライチェーンによる商品づくりを進めています。調達先の持続可能性が高まることは、社会的意義の大きさのみならず、将来の安定的かつ上質な商品供給にもつながります。企業の持続可能性を高めることを目的に、いち早く社会課題解決の重要性を見出して実践し、そこから経済的価値も生み出している同社の取り組みは、まさに日本のCSV最先端といえるでしょう。

社会・環境への影響

　同社の活動を通じて、持続可能性に関する国際的な認証を取得したスリランカの農園は、同国の認証済み大農園の30%に達しています。人権に配慮した労働や、子どもたちへの教育の機会提供なども実現。地域コミュニティーの活性化や人材の育成を通して、環境にも配慮した持続可能な生産システムを構築しています。こうした取り組みにより、途上国に社会的な経済の安定ももたらしています。またこのプロジェクトが代弁するように、同社は調達先の生態系や水源保護など、環境保全にも積極的です。自然資本の継続的な活用を通して、バリューチェーンにおける環境負荷低減を目指しているのです。それが経営基盤ともなっています。

持続可能な農業が食料確保の安定を生む

2020年に世界が直面した新型ウイルスによるパンデミックを通して、これまでのような都市型生活の脆弱性を感じ、意識変革の必要性を認識した人も多いことでしょう。また、食料確保の重要性も再認識したかもしれません。だからこそ、持続可能な農業を推進し世界規模で農業を支援していく、この事例のような協働的な取り組みは、今後ますます重要性を増すはずなのです。　　　　　　　　　　（水野雅弘）

電気料金の1%を自然エネルギーを増やすために投資

自然電力株式会社

自然電力株式会社は、再生可能エネルギー発電所を全国に70か所以上つくり、企業や個人への小売業もしています。同社は追加性（Additionality）を重視しており、電気代の1%を自然エネルギーを増やすための投資に使っています。オーガニックやサーキュラーエコノミーといった価値観を持つパートナーと、ユニークなマーケティングも行っています。

この事例のマトリクス

1B / 4E

この事例に関連するSDGsターゲット

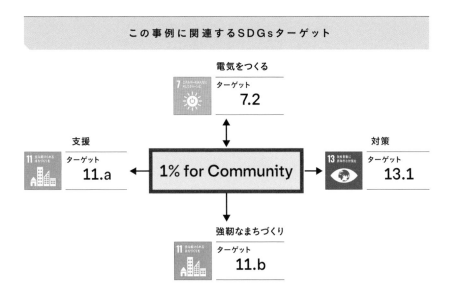

電気をつくる
ターゲット
7.2

支援
ターゲット
11.a

1% for Community

対策
ターゲット
13.1

強靭なまちづくり
ターゲット
11.b

ビジネスへの影響

自然電力は、地域再エネ発電所の企画、建設、運営、自社所有発電所での発電事業、電力小売事業、地域電力を地域活性化に活用する地域ソリューション事業などを手がけています。

2011年に起業した後、2020年2月現在の従業員数は205人（国籍28か国：累計）、5か国で事業展開をするに至っています。電力の小売事業については、企業や一般消費者への気候変動問題への関心が高まるにつれ、申し込みも順調に増えています。

社会・環境への影響

自然電力が関わる再エネビジネスは、年間26万トンのCO_2削減効果をあげています。これはスギの木が1年間に吸収できるCO_2量に換算すると、約1,890万本分に相当します。また「1% for Community」という枠組みをつくって、売電収益の一部を地域の農業振興などに活用しています。熊本県の「合志農業活力プロジェクト」では、行政、地元企業と3者で太陽光発電事業を立ち上げ、年間売電収益の5%を合志市の農業インフラ整備事業に活用しています。さらに共同事業の収益の一部を、農業における新事業へのチャレンジへの資金として活用し、地域の活性化を後押ししています。

自然エネルギー 100%を共につくる

自然電力株式会社では「Japan RE50 2035」というビジョンを作成しています。まずは2035年までに、日本全体で自然エネルギー比率50%を達成したいという目標を立てており、技術的にも十分に実現可能と考えています。

自然電力株式会社
エナジーデザイン部 ゼネラルマネージャー
大迫直志 さん

パーパスと情熱を店内POPで
表現するローカルスーパー

| 株式会社東武 |

この事例のマトリクス

4D

北海道の道東・中標津に位置する地域に根差したスーパーマーケット「TOBU SOUTH HILLS」。「いつまでも若くいつまでも健康で長生き、そして良質な生活を楽しんでいただく」ことを目指し、地域の農産物やオーガニック食材なども積極的に取り扱っています。店内には、地域農家への応援や、子どもの健康増進を促すメッセージなども。主要な顧客である地域住民への配慮あふれる取り組みが特徴です。

この事例に関連するSDGsターゲット

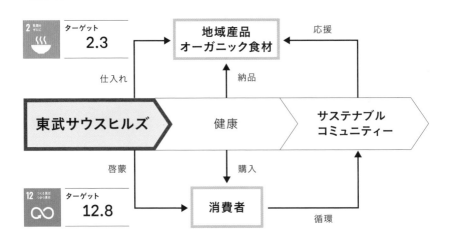

ビジネスへの影響

　地元で収穫された野菜や果実類を積極的に販売することを通して、地域の活性化と同時に、地域経済の循環も実現しています。店内を見ると、食品をはじめオーガニック商品が多いことに気づきます。また商品の陳列棚には、添加物やトランス脂肪酸などが子どもの身体におよぼす影響を示したPOPも。こうした取り組みによって、顧客である地域住民の健康的な生活にも貢献。身体によい食事が未病（発病しない状態）維持にもつながることを考えると、長期的視点から見たときには地域医療費の削減にも寄与しているはずです。さらに同社は、女性活躍推進制度を採り入れ、女性が活躍できる地域雇用を促進してもいるのです。

社会・環境への影響

　顧客の中心である地域住民の健康増進を考えた品揃えや売り方は、地域の持続可能性を高めることにつながります。特に子どもたちに対しては、子どもたち自身の健康づくりだけではく、その親に向けて環境教育への意識を高めるメッセージも店内POPで発信。地域社会におけるサステナビリティー意識の向上にも貢献しています。同店の立地する町内の顧客へは、無料配達サービスも展開。高齢化社会に適応する、やさしいまちづくりにも挑戦しているのです。

　またオーガニック食品などを量り売りすることによって、ゴミの削減を実現。発砲スチロール減容器や食品トレー回収機なども導入し、地域の環境保全にも取り組んでいます。

地域一体となって愛される店づくりを

当店では近隣の農家さんの手による野菜や乳製品、そして近海産の魚介類を販売しております。道東で生産された生鮮商品は全国へも発送しており、多くのお客様からご好評をいただいております。私どもは地元の生産者様と一体となって地域に愛される店づくりを目指しております。

株式会社東武
東武サウスヒルズ総務人事部長
中川禎さん

まちづくりの概念を
超えたチャレンジ

トヨタ自動車株式会社

未来が求める環境や社会に適応した
モビリティ社会を実現するために、ト
ヨタ自動車はまちをつくり始めます。
富士山の麓で、2021年に着工予定
の「Woven City」は、あらゆるモノ
やサービスがつながる実証都市。自
動車会社として蓄積された同社の知
識とノウハウを総動員し、さまざまな
企業や研究者とパートナーシップを
組み、人間とテクノロジーの力で社
会の変革を目指す事業です。

この事例のマトリクス

1D / 3B

この事例に関連するSDGsターゲット

交通

3 すべての人に健康と福祉を
ターゲット
3.6

産業

9 産業と技術革新の基盤をつくろう
ターゲット
9.4

インフラ

9 産業と技術革新の基盤をつくろう
ターゲット
9.1

Woven City

2030アジェンダ **60**

11 住み続けられるまちづくりを
ターゲット
11.b

防災

ビジネスへの影響

　モノやサービスがIoTやAIでつながる「コネクテッドシティー」の仕組みの中では、新たな生活の価値と同時に、新しいビジネスモデルも創造されることでしょう。現代の交通社会には、世界の都市が抱える渋滞問題や、高齢化社会の進行とともに懸念される移動の困難など、さまざまな課題があります。そうした課題解決に向けて、安全な自動運転車両専用道やパーソナルモビリティ専用道をはじめ、ライフスタイルや用途に合わせた道路の設計もなされるはずです。燃料電池や再生可能エネルギーの活用をはじめとする最先端技術と、自然環境との調和を目指す新しいまちのあり方は、未来の生活そのものを変え、経済循環の仕組みにも変革をもたらすことでしょう。

社会・環境への影響

　AIや、これからの交通のあり方として注目されているサービスとしての移動の仕組み「MaaS」（マーズ）も採り入れるWoven City。環境汚染につながる排出物のない動力やエネルギーによるゼロエミッションや、二酸化炭素の排出量と吸収量を中立させるカーボンニュートラルの仕組みも導入予定です。持続可能な環境社会を実現するインフラによって、利便性や簡便性が向上するだけでなく、安心できる暮らしを土台として人々の個性や知性の交流も進むことでしょう。知性の融合から、新しいコミュニティーも生まれるはずです。人口の都市集中が深刻化する今、Woven Cityは、交通や社会インフラのあるべき姿として、1つの世界指標になっていくことでしょう。

社会変革への一大チャレンジ

実はトヨタでは、Woven CityをSDGsの取り組みとして位置づけてはいないのです。しかし著者は、大きな社会的インパクトを生み出す未来のビジネスであり、社会変革のきっかけになるSDGs目標達成へのモデル事業と考えています。同社トップの「未来から描く構想力とインパクトを生み出すリーダーシップ」によるこの一大チャレンジが、社会変革の可能性を秘めたビジネスとして世界中から注目されていることは、疑いようもない事実です。　　　　　　　　　　　　　　　　　　　　（水野雅弘）

日本初のAI酪農で
働き方にもイノベーションが

— 有限会社中山農場 —

北海道の東に位置し、生乳生産量日本一を誇る日本有数の酪農地帯、別海町。中山農場はそこで約1,250頭の乳牛を飼育し、牛乳や乳製品の生産に取り組んでいます。一般的には分業化が多い酪農経営ですが、ここでは牧草づくりから繁殖、搾乳に至るまで一貫して自社内で実施。AIを採り入れた従業員にも牛にも優しい管理体制と、健全な労働環境の構築でも注目されています。

この事例のマトリクス
1B / 3A / 3E

この事例に関連するSDGsターゲット

| 2 飢餓をゼロに | ターゲット 2.4 | 地域経済 | 11 住み続けられるまちづくりを | ターゲット 11.a |

ターゲット 9.5

中山農場

AI／IOT（研究）

生産性

強化

| 8 働きがいも経済成長も | ターゲット 8.3 | 安心 | 7 エネルギーをみんなにそしてクリーンに | ターゲット 7.2 |

ビジネスへの影響

　酪農は、これまで人の手に依存する部分の多い産業でした。そのため労働負荷の大きさと、高齢化による後継者不足も課題でした。そうした課題の対策として、中山農場はAIとIoTを活用。国内ではじめて哺乳ロボットを導入して、牛の赤ちゃんの健康増進と生乳の生産性を同時に向上させることに成功しました。またブロックチェーンの技術活用により、就労者はいつでもどこでも生乳の生産量を確認し、品質管理もできるようになり、働き方も変わりました。ロボット管理による売り上げだけで、年間4億円に。また牛の排泄物によるバイオマス発電事業にも取り組んでいます。今後は太陽光発電も取り入れ、BCPを踏まえたエネルギーの完全自給も目指しています。

社会・環境への影響

　牛の健康に配慮する中山農場の酪農のイノベーションは、生乳生産の効率化だけでなく、世界中で認識が広まっている動物福祉の実現も果たすものです。また酪農は、周囲の環境への悪影響や異臭につながることから、適切な牛の排泄物処理の課題もはらんでいますが、地域の同業者と共に排泄物をエネルギーに転換する取り組みに挑戦し、環境問題への対応と同時に、観光産業への影響軽減もはかっています。ベトナムから実習生を積極的に受け入れ、人材育成にも貢献。雇用のダイバーシティーを実現すると共に、従業員が安心して働くことのできる仕組みも構築しています。地域経済に寄与しながら、持続可能なコミュニティーを形成しているのです。

最果ての地の最先端ビジネス

この事例は、SDGsから考える食料生産システムの確保という観点において、まさに先端的な取り組みです。現在、日本の地域の基幹産業である農業にとって、少子高齢化による就労者の確保と生産性の維持は、重要な経営課題になっています。同社の、イノベーションによる生産性と労働環境の改善は、持続可能な農業システムと食料安全保障に大きく貢献。未来を創造する、SDGs目標達成モデルに他なりません。

(水野雅弘)

平和のファッションとして
よみがえる不要な衣服

日本環境設計株式会社

この事例のマトリクス

1C / 3A / 4E

日本環境設計は、ポリエステルの衣類から、再び繊維をつくるためのポリエステル樹脂を取り出す技術開発に成功。その技術を土台に、不要になった衣服をリサイクルするプロジェクトが「BRING」です。アパレルメーカーをはじめとするさまざまな企業と協働し、衣服の回収から再生ポリ生産、それを素材とした新しい商品の販売まで、1枚の衣服が完全に循環する仕組みを構築しています。

この事例に関連するSDGsターゲット

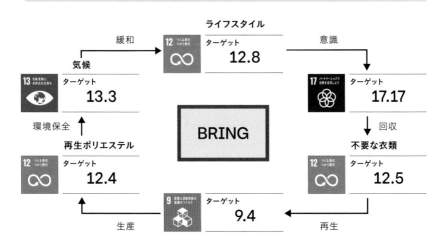

ビジネスへの影響

　同社のポリエステル再生技術は、繊維産業に変革を起こし得るとして注目されています。石油由来の便利で丈夫な素材を、輸入した石油資源に頼ることなく地産地消で再生することができるのです。それもポリエステル100％の紳士用LサイズTシャツ1枚から生産できる再生ポリエステル繊維は、同MサイズTシャツ1枚分という再生率の高さ。無駄な資金と余計なCO_2排出を削減できるほか、国内2か所にある工場では地域の雇用創出も果たしています。また消費者を巻き込みつつ、さまざまな企業との協働も通して、完全に循環する経済モデルを構築している点も特徴です。エシカルなライフスタイルそのものが、ブランディングにつながっている好例です。

社会・環境への影響

　同社が再生ポリエステル事業を始めた理由の1つは、平和な社会を実現したいという思いでした。石油資源の奪い合いが紛争や戦争につながっている現実に着目し、すでにこの世にある石油由来の商品を再資源化し再利用する技術の開発に取り組んだのです。無駄な石油資源もゴミも削減できることから、環境負荷軽減にも貢献しています。その技術をベースとしたBRINGは、消費者自身の不要になった衣服が起点となるプロジェクト。つまりアパレルメーカーなど連携している企業だけでなく、市民をもビジネスパートナーとしてとらえ、共創を実現している点にも、大きな社会的意義があります。

VOICE

リサイクルがもたらす平和な世界

日本環境設計株式会社
取締役会長
岩元美智彦さん

　私たちが捨てようとしているものを循環させることで、地球の裏側で起きている資源をめぐる争いを減らすことができる可能性があると信じています。「リサイクル」することで、世界を今より平和な場所にできるかもしれないと、自分ごととして感じて、ぜひ行動してほしいですね。

起業家を増やすことで
「いい社会」をつくり出す

---- | 株式会社ボーダレス・ジャパン | ----

画像提供：ビジネスレザーファクトリー

この事例のマトリクス

1A / 1B / 1E

社会課題をビジネスで解決する社会起業家を育成し、持続可能なソーシャルビジネス（社会課題の解決を目指す事業）をつくり出していく同社は、2020年4月現在、35の事業を13か国で展開しています。それぞれの事業は独立分社しており、各社をサポートするボーダレス・ジャパンは、社会起業家の相互互助コミュニティーの中核としての機能を担っています。

この事例に関連するSDGsターゲット

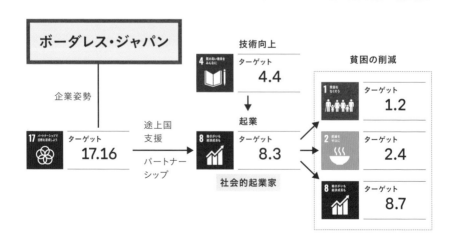

ビジネスへの影響

　社会課題をビジネスで解決することで、ビジネスへの影響力、社会と環境への影響力ともに増しています。2007年創業で2019年度の売上高は約54億円、従業員は1,300人超、35の社会課題解決事業を13か国で展開するまでになっています。ビジネスは商品販売もあり、サービスもありバラエティに富んでいます。各社の余剰資金はグループ内で共有することで、新たなソーシャルビジネスを生み出し続けています。2019年度時点では12か国31事業を立ち上げ、売上高は49億円、特筆すべきは2019年度に16の新規事業を立ち上げているにも関わらずに営業利益率は高い水準を維持。寄付や補助金に頼らずとも、ソーシャルビジネスが、社会性と経済性を両立するよい循環をつくり出せることを証明しています。

社会・環境への影響

　途上国の貧困、差別、環境問題、児童労働問題などの社会問題を、ビジネスを通して解決しています。解決した社会課題は可視化し「ソーシャルインパクト」としてWebサイトで公開。たとえばバングラデシュの貧困問題を解決しているビジネスレザーファクトリーは、現地資源を活用した本革製品の工場で、文字の読み書きができないなど困難を抱える人や、障がいに対する偏見により就業困難だった人を正社員として採用し、2020年1月時点で738人の雇用を実現。また2018年創業のピープルポートは、日本に逃れてきた難民状況にある人を雇用。経済、精神の両面で安定して生活できる環境を整えています。

今よりも「いい社会」を次世代に残したい

事業モデルをつくるよりも先にやるべきは、美しい理想の社会を描くこと。社会問題の存在は、今の社会が不完全であることの証です。これまでのあり方を問い、地球上のすべての生き物が幸せに生きていく新たな社会の実現を目指す。それがソーシャルビジネスであり、それを生み出す社会起業家の使命です。

株式会社ボーダレス・ジャパン
代表取締役副社長
鈴木雅剛さん

顧客と社会の 安心・安全を共創

株式会社みずほ銀行

不正送金被害を防ぐためのキャンペーン「不正送金被害ゼロプロジェクト」。従来と異なる社会課題解決型マーケティングの手法を採用し、ワンタイムパスワードアプリかワンタイムパスワードカードの申し込みが10,000件に達成した場合、紛争解決を目指すNPO「アクセプト・インターナショナル」を支援する仕組みで、企業、顧客、NPOの共創により社会課題解決貢献とビジネス成果を創出しました。

この事例のマトリクス

1C / 4C

この事例に関連するSDGsターゲット

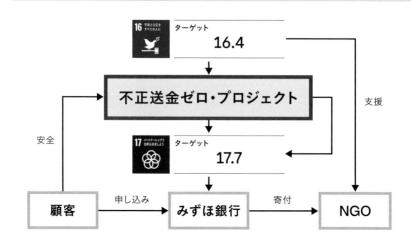

ビジネスへの影響

　従来の機能訴求アプローチに比べ、28倍もの申し込みを獲得。同社における近年のマーケティング施策の中でも、高い成果を達成できました。商品やサービスの良し悪しだけでなく、社会課題解決に対してもニーズは高まっており、社会課題の解決策の1つとして本プログラムを提供したことで共感が高まり、機能的な価値に加え、情緒的な価値も訴求できました。関係者とのワークショップを行い、「みずほ銀行がなぜこのプロジェクトを行うのか」「なぜNPOと組むのか」「社会課題の現状はどうなのか」を考え、関係者一同で本プロジェクトのパーパスとそのストーリーを一同で共有し、その想いがキャンペーンを通じて、顧客にしっかりと伝わりました。

社会・環境への影響

　本プロジェクトで解決を目指す社会課題は、みずほホールディングスとして掲げている目標、SDGsゴール16「平和と公正をすべての人に」です。従来は顧客の安心、安全を高品質なセキュリティシステムで守ることが中心でしたが、本キャンペーンは安心、安全な社会の実現にも貢献できるように設計されています。単なる寄付ではなく、顧客が賛同する「コト」を中心に据え、みずほ銀行と顧客との共創で解決するようになっています。NPO「アクセプト・インターナショナル」が提供する脱過激化・社会復帰プログラム（紛争地の元テロリストや釈放直後の人々の更生に向けたカウンセリングやワークショップ）を支援することで、再犯の削減に貢献しています。

マーケティングで社会課題解決を

株式会社みずほ銀行
リテールデジタル開発部
竹内 司さん

従来の機能や特典を中心にしたコミュニケーションではなく、当行の「おもい」に基づきコーズ・マーケティングを実施した結果、大きな成果を生むことができました。お客さまのニーズが社会課題解決等の非利己的なことにもあることを数字からも実感し、今後のコミュニケーションにも活かしたいと思っています。

タッチ決済で社会課題を
一緒に解決

三井住友カード株式会社

この事例のマトリクス

4A / 4E / 4D

同社はブランディングキーメッセージに「Have a good Cashless.」を掲げ、健全なキャッシュレス社会の実現に向けさまざまなキャッシュレス推進施策を展開。その一環として実施されたのが「タッチハッピープロジェクト」でした。顧客がタッチ決済をするたびに、三井住友カードから社会課題の解決に取り組むNPOなどに寄付される仕組みで、顧客とともに社会課題の解決をする共創プロジェクトです。

この事例に関連するSDGsターゲット

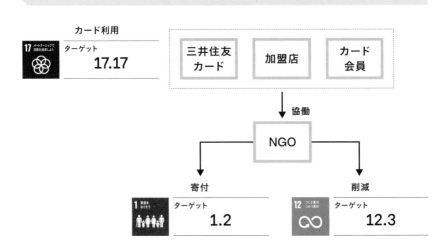

ビジネスへの影響

　新しいキャッシュレス決済の仕組みを広めていくことがマーケティングの目的です。従来は、ポイントの付与、還元キャンペーンの実施、広告費を費やすなどして認知拡大をはかっていきましたが、これは、同社のブランディングキーメッセージ「Have a good Cashless.」の「good」に込めた思い――「よりよい社会の創造」を実現するためのプロジェクトとして設計。カード会員、加盟店、三井住友カードが共創することで、会員や加盟店の共感を得ることもでき、タッチ決済の認知拡大とブランド価値の向上にもつながりました。従来型とは違う、社会課題解決型コミュニケーションによるビジネス成果を生み出すことで、継続的によりよい社会を創出することを目指しています。

社会・環境への影響

　第一弾は、日本初のフードバンクであるNPO「セカンドハーベスト・ジャパン」と共創し、SDGsゴール1、12、17に貢献しています。三井住友カードのカード会員がコンビニやファストフード店でタッチ決済をするたびに、同NPOに寄付され、日本でも6〜7人に1人といわれる相対的貧困にある子どもたちや貧困に窮する高齢者などに、まだ安心して食べられる食品を届ける活動に役立てています。同NPOは、災害時の食品シェルターにもなっています。

　一方、コンビニやファストフード店にとってこのプロジェクトは自社の社会課題解決の一助にもなります。今後このプロジェクトはさまざまな社会課題解決を取り上げるプラットフォームにしていく予定です。

顧客と Good な社会を共創

当社は、決済インフラ企業として健全なキャッシュレス社会の実現に取り組んでおり、その強みを活かし、よりよい社会を築きたいと考えています。「Have a good Cashless.」の「good」にはそんな想いも込めています。自己満足ではなく、多くの方に共感いただき、共創したいとの想いからこのプロジェクトを実施しました。

三井住友カード株式会社
マーケティング本部 グループマネージャー
原 央介 さん

笑顔とメガネで
誰もとり残さない社会を

─── メガネの田中チェーン株式会社 ───

同社は、笑顔とメガネのある暮らしを広げる活動「スマイル・アクト」プロジェクトの一環として、「♯笑顔とメガネ」写真投稿キャンペーンをNPOと共催で毎年実施しています。健常者だけでなく、ダウン症の子どもたちの写真も積極的に投稿されており、インクルーシブな社会の実現を目指す活動です。

この事例のマトリクス
4A / 4C / 4E

この事例に関連するSDGsターゲット

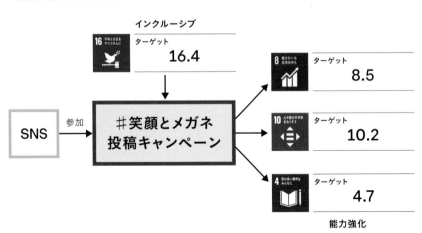

インクルーシブ

16 平和と公正をすべての人に
ターゲット
16.4

SNS → 参加 → **♯笑顔とメガネ投稿キャンペーン**

8 働きがいも経済成長も
ターゲット
8.5

10 人や国の不平等をなくそう
ターゲット
10.2

4 質の高い教育をみんなに
ターゲット
4.7

能力強化

ビジネスへの影響

　このキャンペーンは、メガネを通じてお客様の生活が彩り豊かになり、喜び、笑顔、楽しさに満ちた社会を創造するという同社のパーパスを実践、訴求することが目的です。消費者にそれを体験してもらうために、スタッフが撮った顧客の「笑顔とメガネ」の写真や、共感した顧客自身がインスタグラムに投稿し、また健常者だけでなくダウン症の子どもたちの写真もその家族が投稿することで、さまざまな笑顔が人を幸せにする社会の共創を目指しています。参加した顧客や従業員の満足度も高まり、メガネの田中のブランド価値、体験価値を高めることにつながりました。

社会・環境への影響

　本キャンペーンは、顧客、店舗スタッフ、ダウン症の子どもたちの家族が主となり運営しているNPO、「ニコループ」（広島）、「アクセプションズ」（東京）との共創で行われ、投稿数に応じてニコループが主催する「バディウォーク広島」に寄付されます。バディウォークはダウン症の子どもたちとその家族、一般市民が一緒に街をパレードすることを通して、ダウン症理解、啓発を目的とするイベントで、1995年にアメリカのニューヨークで始まりました。広島ではこのキャンペーンがきっかけとなり、2018年に初開催されました。ダウン症の子どもたちが積極的に参加できることから多くの人の共感が広まり、インクルーシブな社会の創造に貢献しました。

VOICE

カラフルでインクルーシブな社会を

見られることと見ることの両方から、メガネを通じてお客様の生活を彩り豊かにできることを、本キャンペーンを通してより多くの方に知っていただき、カラフルな人生を送っていただきたいのです。見える驚きと見られる喜びの素晴らしさと、それがもたらすハッピーな暮らしを社会に広げたいと思っています。

メガネの田中ホールディングス株式会社
代表取締役社長
デイミアン・ホールさん

エネルギーの力で
資源循環型社会を実現

—| 横河電機株式会社 × 北海道下川町 |—

この事例のマトリクス

1B / 3B

北海道の北部に位置する下川町は、住民のおよそ40%が65歳超で超高齢化課題先進地域に指定されています。一方、町の面積の約90%を森林が占めており、森林、林業の振興と、森林バイオマスを利用したエネルギー供給による、資源循環型社会の実現にも挑戦しています。この循環型社会の実現のため、高効率な地域熱供給システムの構築を横河電機株式会社などと共同研究しています。

この事例に関連するSDGsターゲット

持続可能な森林産業／コンパクトシティー

下川町
（持続可能なコミュニティー）

循環型経済

気候行動

13 気候変動に具体的な対策を

ターゲット
13.1

福祉

3 すべての人に健康と福祉を

ターゲット
3.9

9 産業と技術革新の基盤をつくろう

ターゲット
9.4

12 つくる責任つかう責任

ターゲット
12.9

守る

対策　　　　　　　　　管理

ビジネスへの影響

　横河電機は、「プラントの頭脳と神経」といわれる制御システムとセンサーを一括して提供する制御ビジネスを主要事業としています。プラントの操業状態を高精度のセンサーで計測し、常時安定して稼働できるように、システムで制御しているのです。プラント操業の最適化には、作業の効率化、省エネルギー、省資源の取り組みへのニーズが高く、近年の地球温暖化防止のためのCO_2排出削減の動きは、横河電機の強みが発揮される分野となっています。横河電機のビジネスドメインである計測と制御、情報によって、エネルギーを最適化すれば、結果的にCO_2の排出量を抑えることが可能となります。SDGsやパリ協定で明示された企業責任が横河電機のビジネスのチャンスを拡大しているのです。

社会・環境への影響

　プラントの現場で培ったソリューションをコミュニティレベルにも展開しており、北海道の下川町では、エネルギーの需要と供給を可視化して、削減するノウハウの構築を共同で進めています。同時に森林資源を無駄なく活用することで、雇用創出や高齢者支援など、地域住民の暮らしも改善。循環型の地域創生が実現しています。近年は、シンガポールやインドでのサステナブルなエネルギー事業にも参画。2017年に策定された同社の「サステナビリティ目標 Three goals」に基づき、気候変動への対応として、CO_2排出抑制貢献量をクライアントとともに2018年〜2030年において累計で10億トンに設定しています。

サステナブルな社会をビジネスで

2017年に「サステナビリティ目標　Three goals」を策定し、注力分野を気候変動、ウェル・ビーイング（心身および社会的に健康な状態）、サーキュラー・エコノミー（循環型経済社会）に特定しました。サステナブルな社会を目指すお客様のご意向は、私たちが目指す方向そのものだといえます。

横河電機株式会社
チーフ・サステナビリティ・オフィサー
黒須 聡 さん

倫理観から生まれる
カラフルで楽しいコスメ

―┤ 株式会社ラッシュジャパン ├―

スキンケア商品を中心に製造・販売を行う、イギリス発祥のグローバルな化粧品ブランドLUSH。その品質の高さだけでなく、1990年代からいち早くプラスチック包装を廃止したことでも知られています。志を同じくする日本法人も、すべての商品を新鮮でオーガニックな植物からハンドメイドで生産。原材料の調達先を含め、関連する企業のすべてが動物実験には一切関与していません。

この事例のマトリクス
1B / 1D / 2B / 4E

この事例に関連するSDGsターゲット

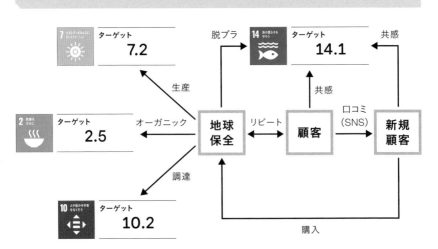

ビジネスへの影響

　1995年にイギリスのドーセット州で、わずか5人が創立したブランド。現在は48の国と地域で、約930の店舗を展開。日本では1999年に初の店舗がオープンし、2019年9月までに84店舗を数えています。神奈川県愛甲郡にある日本法人の本社は、世界の8製造拠点のうちの1つというだけあって、国内向け商品はもちろん、近隣のアジア各国への輸出商品も製造しています。東京の新宿と京都には、同社の商品を活用したスパも開設されました。化粧品ブランドは近年、オーガニック素材の活用を強化していますが、LUSHはその先駆けといえる存在です。若年層消費者を中心に、オーガニックコスメのリーダーとして着実にビジネスを成長させています。

社会・環境への影響

　同社は、原材料や資材の調達から販売に至るサプライチェーンを通じて、環境や社会にポジティブな変化をもたらすさまざまな行動を実践しています。原材料調達を通じて環境や人、動物に負荷をかけないことはもちろん、再生に導く独自の取り組み、またゴミになるプラスチック包装を不要とする固形商品の開発、空容器回収及びリサイクル、動物実験廃止に向けた取り組み、自然エネルギーの活用なども積極的に行っています。また、社会課題の根本解決に取り組む小さな草の根団体を支援するために、売り上げの全額が寄付にあたるボディローション「チャリティポット」を2007年から販売し、現在までに700を超える団体に6億2千万円以上を寄付するなど、顧客との共創を実現しています。

倫理観こそがビジネスの原動力

私たちの商品は地球の恵みなしに製造することができません。そして同じ地球に共存する人や動物が幸せに暮らせる社会になるために、ビジネスを通じてどのように貢献できるかを考え取り組んでいます。倫理観こそがビジネスの原動力と考え、お客様と共に社会に変革を起こしたいと考えています。

株式会社ラッシュジャパン
PRマネージャー
小山大作さん

ローカルグッドを実現する
ソーシャルグッド事業

―――| 株式会社良品計画 |―――

この事例のマトリクス
1B / 1D / 1E / 2E

同社のソーシャルグッド事業は、地域社会と共創し、地域経済の持続可能な好循環を生み出し、継続すること、いわば「ローカルグッド」を目指しています。自社の資産である店舗ネットワーク、マーケティング力、そして無印良品ブランドの視点を用い、モノ軸（商品）だけでなく、コト軸もデザイン、プロデュースし、地域経済の活性化を図っています。

この事例に関連するSDGsターゲット

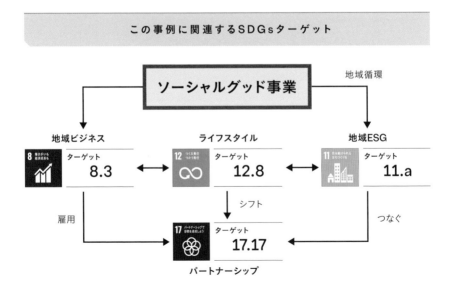

ビジネスへの影響

　地域の活性化を図ることを目的に、現在は千葉県鴨川市など4つの地域と包括協定を結び、さまざまな取り組みを自治体、地域と共に行っています。農産物直売所のプロデュース・運営、廃校を利用したお菓子工房や公園を活用したコミュニティ、地域素材を生かした食品などの製造、販売など、地域特性に合わせたビジネスモデルです。使われていない、あるいは見捨てられた施設や素材を、無印良品の視点を導入して再生し、地域と一緒にビジネスを拡大していくアプローチです。今後、無印良品の店舗は地産商品の割合を増やし、地産地消を促進する役割も担います。各店舗の店長は、売り上げ管理だけでなく、地域のコミュニティマネージャーの役割も兼ねることになります。

社会・環境への影響

　無印良品は「商いで社会に貢献する」ことを掲げています。ソーシャルグッド事業は、その考えを地域社会において実現しています。地域課題は日本の大きな社会課題の1つですが、無印良品は自社の強みを活かし、「自分ごと」として地域の再生に取り組んでいます。地域行政とパートナーシップを組み、無印良品の視点で地域住民と課題を一緒に解決していくことで、ローカルグッドの実現を目指しています。地域にある店舗は、地域社会課題解決の共創パートナーとして機能し、地域の課題解決コミュニティになろうと取り組んでいます。今後は、この活動が広がることで、地域社会課題の解決にさらに貢献するものと思われます。

VOICE

地域経済の好循環からよりよい社会を

株式会社良品計画
執行役員ソーシャルグッド事業部長
生明弘好 さん

店舗という資産を活かして地域と共創し、地域経済のよい循環をつくることは、無印良品のビジネスそのものでもあり、商いを通じて社会課題を解決するという無印良品の理念でもあります。ソーシャルグッド事業部のビジネスモデルを確立することで、よりよい社会の創造に貢献できればと考えています。

未来の世界をつくるのは
あなた自身

奪い合いから与え合いへ

　私たちの住む世界は今、想像を超えた大転換期を迎えています。気候変動問題をとってみても、金融経済を考えてみても、さまざまな課題が山積し、世界中が大きなリスクを抱えているからです。くしくもこの原稿を書いている今、世界が直面している新型コロナウイルスによるパンデミックは、まさに大きなリスクを象徴する出来事の1つでしょう。世界各地で、人口が集中している都市部はロックダウンによりその機能を停止、ほぼすべての経済活動がストップするという未曽有の事態に陥っています。これまでの経済社会がもたらした繁栄の結果、これほどまでにモノがあふれているにも関わらず、一瞬にしてドラッグストアからトイレットペーパーがなくなり、スーパーマーケットの棚からは食料品が次々と姿を消しています。戦時中の物語ではありません。科学技術が発展し便利で豊かな生活を手に入れた、21世紀の現実なのです。

　こうした状況が示唆することは、思いもよらないほどの私たちの脆弱性です。そして脆弱さをもたらしているものの正体は、おそらく不安という感情でしょう。この不安を希望に換えることこそが、これからのビジネスに、そして今を生きる1人ひとりの人間に、課せられた課題であるともいえるのです。

　言い換えれば今こそ、奪い合う社会から分かち合う社会へ転換するための大きなチャンス、と考えることもできます。これまでのような、等価交換を前提とする経済から、与え合うことを優先する経済のあり方——ギフトエコノミーへシフトするタイミングが到来しているのです。ギフトエコノミーの概念のポイントは、パーパスのもとで、モノの循環と同時に優しさも循環させようとする点です。人間社会の枠を超えて、この地球に生きとし生ける生命すべてに考えをめぐらせてはじめて、技術も経済も生きてくるという考え方です。そしてSDGsはまさに、そうした考え方を体系化して世界に示したものでもあるのです。

自然資本が社会と経済を生む

　ところで皆さんは、SDGsウェディングケーキモデルをご存知でしょうか。ストックホルム・レジリエンス・センター所長のヨハン・ロックストロームが提案し、SDGsの17のゴールをウェディングケーキに例えて図解したものです。これは自然資本の上に社会があり、社会の上に経済が成立していることを示しています。裏を返せば、土台となる自然資本を守り続けないことには、社会課題の解決も、世界が抱える不安の解消も、できようはずもないということでもあるのです。脱炭素によるエネルギー変革も、リサイクル技術を背景とした循環経済も、自然資本の保全や復元があってはじめて利用価値が生まれてくる、というわけです。

　そうした観点から日本を見つめ直してみると、まず自然資本の豊潤さに気づくことでしょう。四方を資源豊かな海に囲まれていると同時に、国土に対する森林面積の割合が世界3位の森林大国でもあるここ日本。さらに明確に四季がある、穏やかな気候にも恵まれています。春には芽吹き秋には実る自然のサイクルの中で生活を営んできたからこそ、山を拝み日の出に感謝するような精

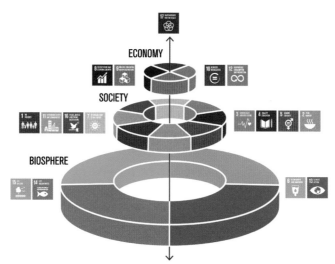

画像提供：Azote Images for Stockholm Resilience Centre, Stockholm University

神性を獲得したのでしょう。「MOTTAINAI」とアルファベット表記され世界の言葉になった「もったいない」という概念も、秩序を重んじるあり方も、自然を敬いその恵みを享受する生活から生まれた智恵に違いありません。そういう生活の中で、自然素材をしっかりと活用しながら地域で助け合う文化が継承されてきたことから、100年以上も持続する企業が世界に類をみないほど多い国となることもできたのです。

だからこそ、そうした日本らしい精神性に立ち戻り、新たな経済社会を見つめ直すことが、SDGs達成のための1つの手がかりになり得ると筆者は感じているのです。もしかしたら、世界を変革するカギを握っているのかもしれない。そんな風に感じることさえあるほどです。

100年後を予測したエコロジスト

そうしたことを考えてみるためのヒントを、私たちに残してくれた先人がいます。博物学者、生物学者、民俗学者として活躍した南方熊楠です。現在の和歌山県に生まれた彼は、留学を経て7か国語とグローバルな感覚を身につけ、イギリスの大英博物館に勤務した経歴も持っていました。その熊楠がエコロジーの概念を提唱したのは、何と明治時代のこと。神社合祀への反対運動は、その代表的な活動の1つです。神社合祀とは、当時の政府勅令により実施された、神社の統廃合のこと。神社の数を減らし、残った神社に経費や人材を集中させることで、神社と祀りごとの持続可能性を高めようとする試みでした。

これに異を唱えた熊楠の意図は、鎮守の森を守ること、つまり自然資源の保全としてとらえられがちです。しかし熊楠の本意は、別のところにも宿っていました。神社の統廃合が、地域コミュニティーの崩壊につながると考えていたのです。海の近くには海の神を祀る神社があり、山には山の神を祀る神社が、里には里の神社があるその理由は、地域の絆の構築にあるととらえていたのです。個々の神社をハブとして地域住民が互いにつながりあうことにより、経済の循環を含む地域の持続可能性が実現しているという理論でした。そして、だからその統廃合は、文化の多様性損失になると危機感を表明したのです。

　加えて、「この空気も水も、交通が便利になった100年後にはお金を生み出す」などとも訴えました。それから100年を優に超えた令和の今、熊楠の故郷にほど近い熊野の地は、世界遺産に登録されています。熊楠が予測したとおり、地域住民の心のよりどころとなり続け、かつ、持続可能な観光資源として地域経済を潤しているのです。

森は日本の固有資源

　あらためて考えてみると、熊楠の理論が、SDGsの考え方と重なることに驚かされます。そしてこうした熊楠の活動は、いわばビジネスの力でSDGsを達成できる可能性を示唆するものに違いありません。何しろ熊楠の考えの根幹にあったのは、豊かな自然資源とそこから生まれる精神文化——つまり互いを思いやる優しさの循環が、持続可能な社会経済を形づくるというものなのです。

　ひるがえって現代の日本は、熊楠のような先人の手本がありながら、残念ながらその固有資源や精神文化を活かしきれていない感があるのです。熊楠が守ろうとした豊潤な森の存在も、その1つでしょう。世界有数の森林大国である日本にとって、まぎれもなく森は身近にある資源です。しかしながら私たちはそれを、活かすべき資源として認識できているのでしょうか。スマート林業や、

持続可能な木材活用など、すでに始まっている試みも少なくありません。しかしこれからは、企業の人材育成や森林セラピー、森の幼稚園など、森そのものを活用したビジネスの可能性も、ぜひ追及したいと思うのです。森を固有の資源としてとらえ、多様な人材が多様に森を活用していくビジネスは、SDGs達成の入り口となる可能性をも秘めているのですから。

　インドネシア、アマゾン、オーストラリア、ロシア、アラスカ……。こうしている間にも、世界各地で森林が消失しています。CO_2の吸収源として、また生物多様性と生態系保護の観点からも、貴重な地球の資産であるにも関わらず。大規模な損失が報道されるそうした森林と比較したら、今現在の時点では、日本の森はまだ恵まれているといえるでしょう。恵まれていると感じられるほどの森林や里山がありつつ、その一方で、生物多様性のホットスポットとみなされていることもまた事実です。つまり絶滅危惧種が急速に増加している国として、世界から認識されているのです。だからこそ日本の森林資源を再生することが、本当の豊かさを築きあげるチャンスにもつながるのです。

あなたの手で持続可能な未来への変革を

　森林だけではありません。海、山、風、土など、固有の自然資源に恵まれている、ある種の贅沢を、今一度しっかりと受け止めてみたいと思うのです。自然資源を恵みとして受け止められる柔軟さと多様性、地域で助け合う優しさも、きっとはるか昔から受け継がれてきた私たちの資源でしょう。そうした環境と文化を持つ私たちには、奪い合う社会から分かち合う社会への転換を、実現できる力が備わっているはずなのです。どんなにケミカルリサイクルの技術イノベーションが起きようと、クリーンな燃料によるバイオジェットが飛ぼうと、モビリティーを大変革させる街が生まれようと、それが運用される場所が、これまでのような奪い合う社会であっては、結果は同じなのです。

　2011年の東日本大震災に際しては、世界から日本に救いの手が差し伸べられました。インドネシアで起きた地震や、オーストラリアの森林火災など、世界のどこかで災難が起きれば、東日本大震災のときと同様に即座に支援の輪が広がります。しかしそうした出来事は、助けを求める側と助ける側を区別し、

主に国家間や地域間の課題として解決されてきたように思います。一方、新型コロナウイルスによるパンデミックは、様相がまったく異なります。もはや国家間、地域間だけでは、解決不可能です。世界レベルのパートナーシップでしか乗り越えられない状況が、訪れているのです。

　しかし地球の悲鳴とすら思えるようなこの非常事態の中で、世界の変化がかすかに伝わるような、心動かされる出来事に遭遇することもできました。致死率の高い高齢者に代わって、生活必需品の買い物を買って出たドイツの若者たち。子どもたちに向けて、他者を思いやる気持ちの大切さを説いたカナダ首相の言葉。市民による10日前の自分へのメッセージを動画にまとめた、イタリアのクリエイター。こうした優しさの循環から、私たちは何を学び、どんな意識転換をしていくべきなのでしょうか。

　それを考え、持続可能な社会への変革を成し遂げていくのは、誰あろうあなた自身です。1人ひとりの意識と行動の変化からしか、ビジネスの変革も社会の変革も成し遂げられないでしょう。そして本書を通して皆さんの中に新しい価値観や意識が生まれ、それが希望ある働き方や暮らし方に変わるきっかけになったら、筆者としてこれほどうれしいことはありません。

2020年5月24日

参考文献＆サイト

参考文献

「DIAMONDハーバード・ビジネス・レビュー
2019年 3月号：特集 PURPOSE（パーパス）」
DIAMONDハーバード・ビジネス・レビュー編集部（編）、ダイ
ヤモンド社

「HOPE 都市・企業・市民による気候変動総力戦」
マイケル・ブルームバーグ／カール・ポープ（著）、国谷裕子
（監訳）、大里真理子（訳）、ダイヤモンド社

「Imagine」 ジョン・レノン／オノ・ヨーコ（作詞・作曲）

「WHYから始めよ! インスパイア型リーダーはここ
が違う」 サイモン・シネック（著）、栗木 さつき（訳）、日本経
済新聞出版

「改訂新版 人間性の心理学―モチベーションと
パーソナリティ」 A.H. マズロー（著）、小口忠彦（訳）、産
能大出版部

「経済的価値と社会的価値を同時実現する 共通
価値の戦略 DIAMOND ハーバード・ビジネス・
レビュー論文」 マイケル・E・ポーター（著）、DIAMOND
ハーバード・ビジネス・レビュー編集部（編）、ダイヤモンド社

「コ・イノベーション経営: 価値共創の未来に向け
て」 C・K・プラハラード／ベンカト・ラマスワミ（著）、有賀裕
子（訳）、東洋経済新報社

「コトラー＆ケラーのマーケティング・マネジメント
第12版」 フィリップ・コトラー／ケヴィン,L.ケラー（著）、恩
藏直人（監修）、月谷真紀（訳）、丸善出版

「コトラーのマーケティング3.0――ソーシャル・
メディア時代の新法則」 フィリップ・コトラー／ヘルマ
ワン・カルタジャヤ ／イワン・セティアワン（著）、恩藏直人（監
訳）、藤井清美（訳）、朝日新聞出版

「コンシャス・ビジネス 価値ある企業に生まれ変わ
るための意識革命とは何か」 フレッド・コフマン（著）、
増田沙奈（訳）、駒草出版

「知られざる競争優位――ネスレはなぜCSVに挑
戦するのか」 フリードヘルム・シュヴァルツ（著）、石原 薫
（訳）、ダイヤモンド社

「新版 ブルー・オーシャーン戦略 競争のない世
界を創造する」(Harvard business school press)
W・チャン・キム／レネ・モボルニュ（著）、入山章栄／有賀裕子
（訳）、ダイヤモンド社

「小さな地球の大きな世界 プラネタリー・バウンダ
リーと持続可能な開発」 （著者）ロックストローム,J.
／クルム,M.（著）、武内和彦／石井菜穂子（監修）、谷 淳也／
森 秀行（訳）、丸善出版

「沈黙の春」 レイチェル・カーソン（著）、青樹 簗一（訳）、
新潮社

「ノヤン先生のマーケティング学」 庭山一郎（著）、翔
泳社

「ヒューマン・シグマ―― 複雑な存在従業員と顧
客をマネジメントする」 ジョン・H・フレミング／ジム・ア
スプランド（著）、林 康史（訳）、東洋経済新報社

参考サイト

Circular Economy Hub *https://cehub.jp*
IDEAS FOR GOOD *https://ideasforgood.jp/*
JAPAN SDGs Action Platform（外務省）
https://www.mofa.go.jp/mofaj/gaiko/oda/sdgs/index.html
SDGs. TV *https://sdgs.tv/*
TED「How great leaders inspire action」
https://www.ted.com/talks/simon_sinek_how_great_leaders_inspire_action
THE GLOBAL GOALS *https://www.globalgoals.org*
United Nation（国際連合） *https://www.un.org/*
WWF 日本のエコロジカル・フットプリント2015
https://www.wwf.or.jp/staffblog/upfiles/20150903eco_pdf.pdf
慶應義塾大学SFC研究所x SDG・ラボ *http://xsdg.jp/*
経済産業省 *https://www.meti.go.jp/*
国際連合広報センター *https://www.unic.or.jp/info/un/*
まちエネ大学・教材サイト *http://localenergy.biz*
農林水産省 *https://www.maff.go.jp/*

著者プロフィール

水野 雅弘 *Mizuno Masahiro*

株式会社Tree代表取締役社長。顧客マーケティングの先駆者として、米国からコールセンターやCRMを日本市場に導入。銀行や保険などのダイレクトビジネスのコンサルティング実績を積んだ後、活動テーマをサステナビリティにシフト。グローバル環境映像メディア「Green TV Japan」のプロデューサーを経て2016年、SDGs達成に向けた教育メディア「SDGs.TV」を開設。教育からビジネスの変革を進める"トランスフォーマー"として活躍中。

株式会社Tree *http://tree.vc/*　SDG.TV *https://sdgs.tv/*

原 裕 *Hara Yutaka*

株式会社メンバーズ執行役員。アメリカン・エキスプレス・インターナショナル、米国系広告代理店を経てメンバーズへ。企業のデジタル・マーケティング支援に取り組んでいる。2011年からは、社会課題をマーケティングで解決し持続可能な社会を共創するための事業を立ち上げ、社会課題解決 x マーケティング x デジタルをテーマに活動。2019年にはデンマークのデザイン会社Bespokeと業務提携し、未来志向デザインワークショップ「Futures Design」を展開中。

株式会社メンバーズ *https://www.members.co.jp/*

関連サイト

Marketing For FUTURES　SDGsでマーケティングをアップデート

https://marketing4futures.com/

Special Thanks

剣持忠さん、山本昇さん、川名常海さん、佐々木丈也さん、竹原憲治さん、川廷昌弘さん、上田壮一さん、パートナーの皆さん、家族、両親、地球

スタッフリスト

カバー・本文デザイン　三森健太（JUNGLE）	**協力**　萩谷衞厚（株式会社メンバーズ エンゲージメント・ファースト室）	
グラフィック制作(Chapter2)		
株式会社カドベヤ、眞木孝輔	日本マーケティング学会 サステナブル・マーケティング研究会	
図版作成(Chapter4)　町田有美		
DTP　柏倉真理子	**構成・ライティング**　岡 小百合	
デザイン制作室　今津幸弘	**編集協力**　浦上諒子	
鈴木 薫	**副編集長**　田淵 豪	
制作担当デスク　柏倉真理子	**編集長**　藤井貴志	

本書のご感想をぜひお寄せください

https://book.impress.co.jp/books/1119101150

読者登録サービス
CLUB impress

アンケート回答者の中から、抽選で**商品券（1万円分）**や**図書カード（1,000円分）**などを毎月プレゼント。当選は賞品の発送をもって代えさせていただきます。

■ 商品に関する問い合わせ先

インプレスブックスのお問い合わせフォームより入力してください。

https://book.impress.co.jp/info/

上記フォームがご利用頂けない場合のメールでの問い合わせ先

info@impress.co.jp

●本書の内容に関するご質問は、お問い合わせフォーム、メールまたは封書にて書名・ISBN・お名前・電話番号と該当するページや具体的な質問内容、お使いの動作環境などを明記のうえ、お問い合わせください。

●電話やFAX等でのご質問には対応しておりません。なお、本書の範囲を超える質問に関しましてはお答えできませんのでご了承ください。

●インプレスブックス（https://book.impress.co.jp/）では、本書を含めインプレスの出版物に関するサポート情報などを提供しておりますのでそちらもご覧ください。

●該当書籍の奥付に記載されている初版発行日から3年が経過した場合、もしくは該当書籍で紹介している製品やサービスについて提供会社によるサポートが終了した場合は、ご質問にお答えしかねる場合があります。

■ 落丁・乱丁本などの問い合わせ先

TEL 03-6837-5016 FAX 03-6837-5023

service@impress.co.jp

（受付時間／10:00-12:00、13:00-17:30 土日、祝祭日を除く）

●古書店で購入されたものについてはお取り替えできません。

■書店／販売店の窓口

株式会社インプレス 受注センター
TEL 048-449-8040
FAX 048-449-8041
株式会社インプレス 出版営業部
TEL 03-6837-4635

SDGs が生み出す未来のビジネス（できるビジネス）

2020年6月21日 初版発行

2021年5月21日 第1版第5刷発行

著 者	水野 雅弘、原 裕
発行人	小川 亨
編集人	高橋隆志
発行所	株式会社インプレス
	〒101-0051 東京都千代田区神田神保町一丁目105番地
	ホームページ https://book.impress.co.jp/
印刷所	株式会社廣済堂